Die Entwicklungsgeschichte computergesteuerter Arbeitsmaschinen - Ihre Rolle für die Gesellschaft und die Herausforderung ihrer Entwicklung am Beispiel einer von LEGO® MINDSTORMS® gesteuerten Containerbrücke basierend auf dem Apple® iPad® Spiel "Cargo-Bot"

Jann-Niklas Zimmermann

Die Entwicklungsgeschichte computergesteuerter Arbeitsmaschinen - Ihre Rolle
für die Gesellschaft und die Herausforderung ihrer Entwicklung am Beispiel einer
von LEGO® MINDSTORMS® gesteuerten Containerbrücke basierend auf dem
Apple® iPad® Spiel "Cargo-Bot"

Besondere Lernleistung
im Fach Informatik

am
Hans-Carossa Gymnasium

vorgelegt von
Jann-Niklas Zimmermann

Berlin, 16. Dezember 2013

EDV-Beratung Zimmermann

Bibliografische Information der Deutschen Nationalbibliothek:
Die Deutsche Nationalbibliothek verzeichnet diese Publikation in der Deutschen National-
bibliografie; detaillierte bibliografische Daten sind abrufbar im
Internet über http://dnb.dnb.de.

Herstellung und Verlag: BoD – Books on Demand, Norderstedt

Grafische Gestaltung: Jann-Niklas Zimmermann

Printed in Germany
ISBN: 978-3-749-499-66-3

Danksagung

Ich möchte mich zuallererst bei LEGO Deutschland bedanken, die so nett waren und mir einen weiteren LEGO MINDSTORMS Bausatz zur Verfügung gestellt haben, ohne den das Projekt schwer zu meistern gewesen wäre. Hierbei möchte ich mich besonders herzlich bei Lisa Redl bedanken, die so freundlich war, meine Anfrage um Unterstützung an ihre Vorgesetzten weiterzuleiten.

Weiter möchte ich mich bei Herrn Ruge bedanken, der das Wagnis, eine Besondere Lernleistung zu schreiben mit eingegangen ist und mir dementsprechend mit vielen Ratschlägen zur Seite stand.

Ich danke außerdem meinen Eltern, die sich nicht nur dazu bereit erklärt haben, die noch fehlenden LEGO Bausteine zu beschaffen, sondern auch jede Menge Florida-Eisportionen kauften, um Dosen für die LEGO Teile zu erhalten. Dabei nochmal ein ganz großes Dankeschön an meinen Vater, der mich immer wieder aufmunterte und meine Fragen zu Microsoft Word und wissenschaftlichem Arbeiten geduldig erläuterte.

Inhaltsverzeichnis

1   Einführung, Problemstellung und Aufbau der Arbeit

„Wenn jedes Werkzeug auf Geheiß, oder auch vorausahnend, das ihm zukommende Werk verrichten könnte, wie des Dädalus Kunstwerke sich von selbst bewegten oder die Dreifüße des Hephästos aus eigenem Antrieb an die heilige Arbeit gingen, wenn so die Weberschiffe von selbst webten, so bedarf es weder für den Werkmeister der Gehilfen noch für die Herren der Sklaven."

Aristoteles, Politik, 1253b[1]

Dies wurde vor mehr als 2000 Jahren von Aristoteles gedacht. Man erkennt den Traum der Menschheit, Arbeit zu vereinfachen und zu automatisieren, so dass der Mensch weniger tun muss.

Ein gutes Beispiel ist die Entwicklung des Pflugs. Zuerst hatte man eine Stange um das Feld umzugraben. Mit der Kombination der Stange mit zwei schiefen Ebenen wurde ein Pflug daraus, der erst durch den Menschen und später durch ein Zugtier angetrieben wurde. Später konnte man einen Traktor vor den Pflug spannen und somit mehrere Pflüge gleichzeitig benutzen, um eine größere Fläche schnell umzugraben. Bis hierhin wurde die Steuerung durch einen Menschen übernommen. Mittlerweile muss der Mensch das nicht mehr machen. Man kann die Traktoren durch einen Computer steuern lassen, welcher über GPS-Koordinaten seine Route abfährt.

Der nächste Schritt in der Automatisierung von Maschinen findet sich heute im „Internet der Dinge".[2] Diese Idee stammt von Kevin Ashton, dem Leiter des Auto-ID Center am Massachusetts Institute of Technology, der diese 1999 erwähnte. Maschinen sollten fähig sein, unabhängig vom Menschen handeln zu können. Zum Beispiel soll ein Kühlschrank seinen Inhalt scannen und selbstständig nachbestellen, was fehlt.

In dieser Facharbeit möchte ich die Entwicklungsgeschichte und Bedeutung computergesteuerter Arbeitsmaschinen aufzeigen und die Herausforderungen bei der Entwicklung einer computergesteuerten Arbeitsmaschine darstellen. Hierzu werde ich eine computergesteuerte Arbeitsmaschine entwickeln. Diese Arbeitsmaschine soll das Apple iPad Spiel „Cargo-Bot" darstellen.

---

[1] Aristoteles, http://www.otium-bremen.de/js/index.htm?/autoren/a-aristoteles.htm [Stand: 06.10.2013]

[2] Vgl. http://www.internet-der-dinge.de/ [Stand: 06.10.2013]

1.1 Problemstellung

Neben dem fächerübergreifenden Aspekt der Bedeutung von Arbeitsmaschinen für die Gesellschaft sind es die nachfolgenden Fragestellungen, die es bei der Entwicklung einer computergesteuerten Arbeitsmaschine zu beantworten gilt:

- Wie funktioniert eine computergesteuerte Arbeitsmaschine?
- Aus welchen Komponenten besteht eine computergesteuerte Arbeitsmaschine?
- Wie kommunizieren die Komponenten miteinander?

1.2 Aufbau der Arbeit

Um die oben dargestellten Fragen zu beantworten, werde ich zuerst den Begriff Maschine/Arbeitsmaschine definieren, ihre Komponenten darstellen und ihre Entwicklungsgeschichte kurz aufzeigen.

Anschließend folgt eine kurze Erklärung des Apple iPad-Spiels „Cargo-Bot". Hierbei werde ich weiter darauf eingehen, welche spezielle Arbeitsmaschine der „Cargo-Bot" ist und aus welchen Teilen er besteht.

Schließlich komme ich zur Entwicklung und Programmierung der LEGO Roboterteile, mit denen ich das Apple iPad-Spiel nachbaue. Abschließend folgen noch eine kurze Zusammenfassung und ein Ausblick, wie man das Projekt weiterentwickeln könnte.

Ergänzend enthält der Anlagenteil die Teilelisten der Roboterkomponenten und deren Bauanleitungen sowie die Programmcodes der Steuerprogramme, eine Liste der verwendeten Programme sowie eine Tabelle, in der die Codierung der Befehle dargestellt ist. Zusätzlich liegt eine kurze Anleitung zur Herstellung eigener LEGO MINDSTORMS Kabel bei.

2 Entwicklungsgeschichte und Bedeutung computergesteuerter Arbeitsmaschinen für die Gesellschaft

2.1 Arbeitsmaschinen – Begriffsbestimmung

Eine Maschine ist ein von Menschen geschaffenes Objekt, welches als Arbeitshilfe fungiert. Jede Maschine besteht aus einer Steuereinheit, einem Antrieb und einer Vielzahl kombinierter einfacher Maschinen[3] (Seil/Stange, Hebel, Rolle, schiefe Ebene). Sobald eine Maschine durch einen antreibenden Motor mit Energie versorgt wird, wird sie als Arbeitsmaschine bezeichnet.[4]

Der Sinn solcher Maschinen ist es, die zu verrichtende Arbeit zu vereinfachen, zu beschleunigen oder effizienter zu gestalten.

Man kann sagen, dass jede Maschine aus den gleichen Komponenten aufgebaut ist: Dem Antrieb, der Steuerung und der Mechanik, die den Antrieb umsetzt und die Arbeit verrichtet. Auch ist die Kombination von Maschinen von Bedeutung.

2.2 Entwicklungsgeschichte von Arbeitsmaschinen aus der Sicht ihrer Komponenten

2.2.1 Antrieb – von der Muskelkraft zum Motor

Anfänglich gab es die „Einfachen Maschinen"[5] (Seil/Stange, Hebel, Rolle, schiefe Ebene), aus denen man komplexere gebaut hat. Für den Bau, z.B. von Gebäuden, hat man mithilfe solcher Maschinen einfache Kräne gebaut, um größere Lasten zu bewegen. Um ein Feld zu pflügen, baute man aus schiefen Ebenen und Stangen einen Pflug. Ursprünglich wurden sowohl die einfachen als auch die komplexen Maschinen mit Muskelkraft angetrieben.

Später benutzte man vermehrt die Natur als Antriebskraft. Zum Beispiel wurden seit dem 5. Jh. v. Chr. Mühlen durch Wasser[6]-/ und seit dem 9. Jh. mit Windkraft angetrieben. Die Windkraft ist generell vom Wind und seiner Richtung abhängig. Die Wasserkraft ist standort- und jahreszeitenabhängig.

Mit der Erfindung der Dampfmaschine[7] 1778 war man in der Lage, standort- und jahreszeitenunabhängig, größere, komplexere, schwerere Maschinen anzutreiben.

---

[3] Vgl. http://de.wikipedia.org/wiki/Einfache_Maschine; Conrad S. 11; Heck, S. 507
[4] Vgl. http://de.wikipedia.org/wiki/Arbeitsmaschine; Heck, S. 508
[5] Vgl. Hagermann S. 182
[6] Vgl. Hagermann S. 346
[7] Vgl. Conrad, S. 42

Dies wurde 1816 mit der Erfindung des Stirlingmotors weiter revolutioniert. Im Laufe der Zeit wurde der Motor weiter entwickelt. Vom Elektro- zum Otto- und schließlich zum Dieselmotor, mit dem Vorteil, effizienter zu werden.

Der Motor hat mehrere Vorteile gegenüber der Muskelkraft. Er ist unermüdlich, kann somit ohne Pause Tag und Nacht arbeiten. Der Schritt, Maschinen mit Motoren anzutreiben, machte die Menschen standort- und naturunabhängig.[8]

2.2.2 Steuerung – von der manuellen zur computergestützten Steuerung

Ein bereits aufgeführtes Beispiel macht die manuelle Steuerung deutlicher: Ein Pflug wird durch einen Ochsen per Muskelkraft angetrieben. Der Ochse würde ohne Einwirkung des Menschen geradeaus laufen. Hier ist der Mensch für den Richtungswechsel verantwortlich.

Ein weiteres Beispiel ist die Windmühle. Damit sie richtig funktioniert, muss der Müller die Flügel in den Wind drehen. Das Problem an dieser manuellen Steuerung ist, dass der Müller ständig auf den Wind achten und die Mühle nachjustieren muss. Geschieht dies nicht, könnte die Mühle bei zu starkem Wind zerstört werden oder sie arbeitet nicht mehr, da sie nicht richtig ausgerichtet ist. 1743 hat der englische Schmied Edmund Lee die Windrose erfunden, mit deren Hilfe man die Mühle automatisch in den Wind drehen konnte.[9]

Der nächste wichtige Schritt zur automatischen Steuerung von Maschinen erfolgte zu Beginn des 18. Jahrhunderts, als man begann, Spieldosen mit Stiftwalzen zu steuern.

Als nächstes entwickelte Joseph-Marie Jacquard Mitte des 18. Jahrhunderts einen durch Lochkarten gesteuerten Webstuhl. Die Lochkarten enthielten Informationen über das Webmuster, welches der Webstuhl erkannte und wob.[10]

Charles Babbage entwickelte 1822 eine Maschine (die analytische Maschine), welche bis zu fünfzigstellige Zahlen verarbeiten sollte.[11] Seine größte Unterstützerin war Lady Ada Lovelace[12], die die Programmierung für die Maschine entwickelte[13]. Für die Steuerung sollten ebenfalls Lochkarten genutzt werden. Die Lochkarten sollten anzeigen, welche Zahl gespeichert, in die Verarbeitung eingegeben, von da aus in den Speicher bewegt und andersherum, wie sie verarbeitet werden soll (Addition, Subtraktion) oder welche Zahl ausgegeben wird. Lady Ada erfand für die Steuerung der Maschine die Prozedur, die

---

8 Vgl. http://de.wikipedia.org/wiki/Antrieb
9 Vgl. http://de.wikipedia.org/wiki/Windm%C3%BChle
10 Vgl. Yazdani, Kandler, Seite 21, 22; Software, S. 9
11 Vgl. Software, S. 10; Conrad, S. 270; Braun, S. 353; Wolmeringer; Braun, S. 353
12 Vgl. Künzel, S. 107ff
13 Vgl. Gonick, S. 57ff

Schleife und bedingte Sprünge. Dies war ein grundlegender Fortschritt, um die Programmierung von Computern weiterzuentwickeln.

Mit der 1969 entwickelten speicherprogrammierbaren Steuerung[14] wurde der Schritt begangen, die Steuerung der Maschine durch einen Computer zu übernehmen. Dies hat mehrere Vorteile gegenüber dem Menschen. Zum einen wird ein Computer nicht müde oder unkonzentriert, er braucht keine Pausen und arbeitet effizienter. Außerdem ist er in der Lage, Maschinen viel präziser zu steuern als ein Mensch.

Aufbau und Grundprinzip eines Computers

Doch wie ist ein Computer aufgebaut? Ein Mathematiker namens John von Neumann beschrieb 1945 ein Konzept „First Draft of a Report on the EDVAC"[15], welches heute „Von-Neumann-Architektur" genannt wird. Nach diesem Konzept muss ein Computer aus fünf Komponenten bestehen.[16]

Da wäre zuerst die Eingabe, bei der alle zu verarbeitenden Rohdaten inklusive der Anweisung, was mit ihnen geschehen soll, eingespeist werden. Die Eingaben werden im Gedächtnis (Speicher) gespeichert. Die Kontrolleinheit liest das im Gedächtnis gespeicherte Programm und übersetzt es in Maschinen-Operationen. Die Verarbeitungseinheit wertet die im Gedächtnis gespeicherten Daten gemäß den durch die Kontroll-einheit übersetzten Operationen aus und speichert das Ergebnis im Gedächtnis. Dieses Ergebnis wird letztendlich von der Ausgabe ausgegeben.

Programmierung des Computers

Anfangs wurden die Computer direkt in Maschinensprache[17] (z.B. im Binärcode) programmiert, womit diese Instruktionen durch den Prozessor direkt ausgeführt werden konnten. Doch blieb das nicht ohne Schwierigkeiten: *„Zur Vereinfachung müssen Codierungen allgemein verständlicher werden. Die derzeitigen Schreibweisen haben viele Nachteile: Sie sind für den Anfänger samt und sonders unverständlich und von Gerät zu Gerät verschieden, und keine ist leicht zu lesen. Es ist ziemlich schwer, codierte Programme zu lesen, auch wenn sie mit Anmerkungen versehen sind, ja sogar dann, wenn es sich um ein eigenes Programm handelt, das man einige Monate zuvor geschrieben hat."*[18] Dieses Zitat stammt von Alick Glennie, einem Mitarbeiter Alan Turings, und spricht die damaligen Probleme der Programmierung an. Später begann man, die Einsen und Nullen durch Kür-

---

[14] Vgl. http://de.wikipedia.org/wikl/Speicherprogrammierbare_Steuerung; Baumann
[15] Vgl. Software, Seite 12-13; Conrad, S. 272
[16] Vgl. Grundlagen der Computertechnik, S. 63
[17] Vgl. Engelmann, Lutz
[18] Vgl. Software, S. 16

zel[19] zu ersetzen, welche anschließend in Maschinensprache übersetzt wurden. Somit hatte man die erste weiterentwickelte Programmierart. Mittlerweile schreibt man Programme in einer Hochsprache, wie z.B. BASIC, Java oder C, welche durch einen Interpreter oder Compiler anschließend in Maschinensprache übersetzt werden. Somit kann man komplexere Programme verständlich und übersichtlich schreiben.[20]

Maschinensprache	Assembler	C
11000111 01000101 11111100 00000010	Mov DWORD PTR [rbp-4], 2	Int a = 4;

Abbildung 1: Von der Maschinensprache zur Hochsprache

2.2.3 Mechanik – vom Rad zum Getriebe

An der grundlegenden Mechanik von Maschinen hat sich bis heute wenig geändert. Die Kraftübertragung vom Antrieb zum arbeitsverrichtenden Anteil wird noch über Wellen, Riemen, Räder, Zahnräder oder Kolben übertragen.

Mit der Zeit wurden diese mechanischen Getriebe mit elektrischen, hydraulischen oder pneumatischen Komponenten weiterentwickelt. Damit war eine bessere Kraftübertragung möglich.

2.2.4 Kombination von Maschinen – vom Handwerk zur Fabrik

Bei der Kombination zweier oder mehrerer Maschinen sind zwei Punkte zu betrachten: Es entsteht eine neue Maschine (z.B. Stange + schiefe Ebene = Pflug) bzw. die Effizienz/Produktivität der Maschine wird erhöht.

Die erste Nutzung von Maschinen fand von Einzelpersonen in der Heimarbeit statt. Mit dem Bevölkerungswachstum stieg der Bedarf an bestimmten Produkten, wie z.B. Stoff. Infolge dessen entstanden Manufakturen, in denen mehrere Personen arbeitsteilig für die Massenproduktion eines Produkts[21] zuständig waren. Später, mit der Erfindung der Dampfmaschine, entwickelten sich aus den Manufakturen Fabriken[22].

---

[19] Vgl. Rohde
[20] Vgl. Yazdani, Kandler, S. 74ff; Software S. 36-37
[21] Paulinyi, S. 280
[22] Vgl. Ruppert

Der entscheidende Unterschied zwischen Manufaktur und Fabrik besteht im Antrieb der Produktionsmaschinen. In der Fabrik wurden erstmalig Dampfmaschinen verwendet, um jeden Produktionsschritt schneller zu vollenden.[23]

Die Produktivität wurde nochmals durch die Arbeit am Fließband gesteigert. Die einzelnen Bauteile sind darauf an den Arbeitern vorbeigefahren und mussten in einer bestimmten Zeit (dem Takt) bearbeitet werden. Henry Ford perfektionierte diese Arbeitsmethode und konnte somit die Produktion seines Ford T-Modells steigern, so dass er den Preis senken und die Löhne erhöhen konnte.

Die Fabrikproduktion bzw. Produktion am Fließband hatten den Vorteil, schneller, effizienter und besser bestimmte Produkte herzustellen. Doch die Arbeitsteilung erwies sich als ein Problem: Durch immer dieselben Arbeitsschritte brauchten die Arbeiter[24] zwar eine geringe Einarbeitungszeit, jedoch wurde die Arbeit schnell monoton, was sich auf die Qualität der Produkte auswirken konnte.

2.3 Zusammenfassung

Man erkennt, wie die Mechanisierung[25] und Automatisierung[26] sowie Arbeitsteilung die Industrie fortlaufend revolutionierte. *„Technologien, die die Produktivität der Menschen drastisch erhöhen und ebenso Einfluss auf die Lebensdauer und –qualität haben"*[27] bezeichnet man als „industrielle Revolution". Insgesamt kam es bisher zu drei Industriellen Revolutionen.

Die erste fand zum Ende des 18. Jahrhunderts mit der Einführung mechanischer Produktionsanlagen statt. Die zweite zu Beginn des 20. Jahrhunderts, als mithilfe von Fließbändern wie z.B. bei den Schlachthöfen von Cincinnati oder bei der Autoproduktion von Henry Ford die arbeitsteilige Massenproduktion eingeführt wurde. Durch den zunehmenden Einsatz von Elektronik und Informationstechnologie und der daraus resultierenden Automatisierung der Produktion kam es zu Beginn der 70er Jahre im 20. Jahrhundert mit der speicherprogrammierbaren Steuerung[28] zur dritten Industriellen Revolution. Heute stehen wir an der Schwelle zur vierten Industriellen Revolution, der Industrie 4.0[29], in der das Internet der Dinge[30] eine wichtige Rolle spielt. So soll es intelligente Werkstücke geben,

---

[23] Vgl. Funken, S. 262; Marks, S. 132ff; Anderson, Chris S. 45ff
[24] Paulinyi, S. 484
[25] Computergesteuerte Werkzeugmaschinen
[26] Automatisierung; Pädagogische Hochschule Weingarten.
[27] Anderson, Chris, S. 50ff
[28] Vgl. http://de.wikipedia.org/wiki/Speicherprogrammierbare_Steuerung
[29] Vgl. Ziegler, Peter-Michael
[30] Vgl. Anderson, Al; Benedetti, Ryan

welche mit den verarbeitenden Maschinen kommunizieren und diesen mitteilen, was mit ihnen geschehen soll.

Als verdeutlichendes Beispiel kann man die Gepäckbeförderung bei einem Flughafen betrachten. Früher wurde das Gepäck nach der Aufgabe manuell von Personal zum richtigen Flugzeug gebracht. Heute wird ein Barcode an den Koffer geklebt und dieser fährt mit einem Fließband weg. Auf seinem Weg wird der Barcode gescannt und damit wird der Koffer automatisch umgeleitet, damit er sein Ziel erreicht.

Die Konsequenz der ersten drei Industriellen Revolutionen war, dass die Arbeitgeber in den Fertigungshallen aufgrund der teuren und aufwendigen/langsamen Produktion kein Interesse mehr an Handarbeiten hatten. Stattdessen sank die Qualifikation für das Personal, da dieses nur noch die Maschinen zu bedienen brauchte. Gleichzeitig stieg das Interesse an Ingenieuren[31], damit diese die Maschinen warten und weiterentwickeln konnten.

Über die vierte Industrielle Revolution kann man bis jetzt nur Prognosen erstellen, da man sie noch nicht rückblickend in ihrer Gesamtheit betrachten kann. Auf jeden Fall wird die größere Einflussnahme des Computers starke Einflüsse auf die Arbeitswelt haben, da der Mensch immer weiter in den Hintergrund rückt und durch Maschinen ersetzt wird. Auch wird die Rolle der Ingenieure und Programmierer wachsen. Diese müssen dafür Sorge tragen, dass die Technologie stetig weiterentwickelt und gewartet wird. Die Herausforderungen, die sich den Ingenieuren und Programmierern dabei stellen, möchte ich an der Entwicklung eines LEGO „Cargo-Bot" darstellen.

---

[31] Vgl. Weber, S. 111ff

3 Herausforderungen bei der Entwicklung einer computerge- steuerten Arbeitsmaschine

3.1 Beschreibung des Apple® iPad® Spiels „Cargo-Bot"

Mit einem selbst geschriebenen Programm müssen mit dem Greifarm die Bausteine aus der Startformation in die Zielformation überführt werden.

3.1.1 Bildschirmaufbau des Spiels

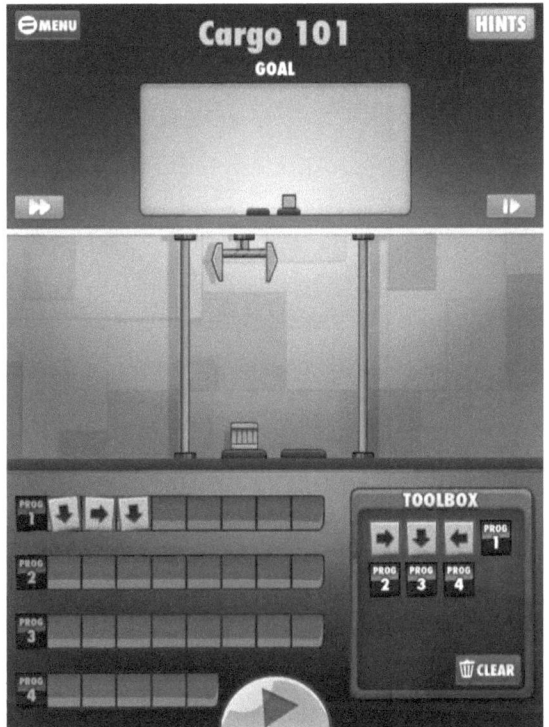

Im oberen Teil des Bildschirms sieht man, wie die Blöcke angeordnet werden sollen.

Der mittlere Teil stellt den Apparat, bestehend aus Greifarm und unsortierter Blöcke, dar. Hier sieht man, wie sich das Programm auf die Bewegung des Greifarms auswirkt

Im unteren Teil ist rechts die Toolbox mit den zur Verfügung stehenden Befehlen/Bedingungen. Diese bilden in den vier Speicherbereichen links das Programm zur Steuerung des Greifarms.

Abbildung 2: Bildschirmaufbau von "Cargo-Bot"

3.1.2 Steuerung des Spiels

Die Steuerung erfolgt durch Befehle mit dazugehörigen Bedingungen. Eine Übersicht der Befehle und Bedingungen mit genauen Erklärungen befindet sich im Anhang 8.1.

Die Befehle teilen sich in Befehle für den Greifarm (links, rechts, runter) und in Befehle für die Steuerung des Programmablaufs (Sprung zum Speicherbereich 1/2/3/4) auf.

Die Bedingungen bestimmen, wann ein Befehl ausgeführt wird. Sie beeinflussen die Bewegung des Greifarms (wenn er einen z.B. einen gelben, beliebigen oder keinen Block hält) oder den Programmablauf (z.B. Sprung, wenn der Greifarm einen gelben, beliebigen oder keinen Block hält).

Beispiele für Befehle und Bedingungen

 Der Greifarm bewegt sich um ein Feld nach rechts.

 Sprung zum Speicherbereich 2, wenn der Greifarm einen roten Block hält.

 Der Greifarm bewegt sich um ein Feld nach rechts, wenn er keinen Block hält.

 Der Greifarm bewegt sich um ein Feld nach rechts, wenn er einen Block beliebiger Farbe hält.

Abbildung 3: Beispiele für Befehle von "Cargo-Bot"

3.2 Ableiten der Komponenten eines LEGO MINDSTORMS® "Cargo-Bot"

Der "Cargo-Bot" ist ein Bockkran[32]. Dieser steht auf einem Gerüst, welches auf zwei Stützen steht und aufgrund der Bauart schwere Lasten halten kann. Auf dem Gerüst verlaufen zwei Schienen, auf denen die Laufkatze fährt. Die Laufkatze trägt das Hubwerk, dessen Aufgabe es ist, mit einer Greifvorrichtung die Lasten zu heben.

Für den LEGO "Cargo-Bot" sind daher die nachfolgenden Komponenten zu entwickeln:

- Bockkran mit Hebebrücke, Laufkatze und Hubwerk sowie Greifvorrichtung; jeweils mit eigenem Antrieb.

- Steuerung mit Programmspeicher, das bedeutet, dass ich einen kompletten Computer mit Eingabe, Ausgabe, Speicher und Rechenwerk (Kontroll- und Verarbeitungseinheit) sowie einer Maschinensprache zur Steuerung desselben entwickeln muss. Die Eingabe besteht aus dem SOLL- und dem IST-Zustand sowie den Befehlen mit ihren Bedingungen.

  Für die Verarbeitungs- und Kontrolleinheit greife ich auf den zum LEGO MINDSTORMS-Set NXT-Brick zurück; siehe hierzu Anhang 8.2. Dieser dient ebenfalls zum Anschluss der Motoren und Sensoren.

- Verfahren zum Datenaustausch zwischen Master und Bockkran.

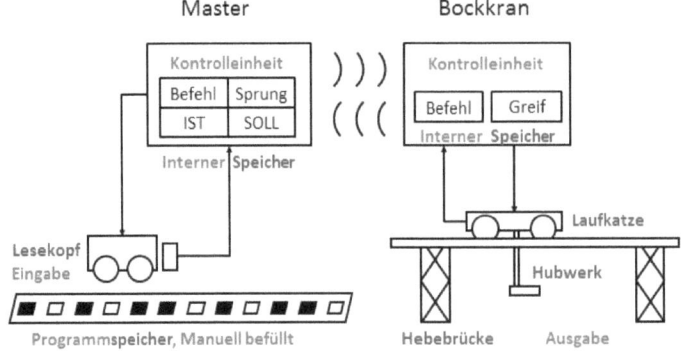

Abbildung 4: Prinzipdarstellung

---

32 Vgl. Heck, S. 449; Ulrich, S. 96

3.3 Entwicklung der zentralen Steuerung

Der Master/Steuerroboter ist nach der Von-Neumann-Architektur aufgebaut. Die Eingabe der Steuerbefehle wird vom Lesekopf übernommen und im Speicher des NXT-Bricks hinterlegt. Die Kontroll- und Verarbeitungseinheit besteht aus dem von mir geschriebenen Steuerprogramm und dem NXT-Brick. Die Ausgabe übernimmt der zweite Roboter, indem er die Steine gemäß den verarbeiteten Befehlen bewegt.

Um meinem Roboter zu sagen was er zu tun hat, musste ich eine Sprache für ihn entwickeln, welche nicht zu komplex und mit den vorhandenen Mitteln machbar ist.

3.3.1 Entwicklung der Maschinensprache

Mit dem LEGO MINDSTORMS Lichtsensor[33] hat es sich angeboten, die Maschinensprache auf Binärbasis mit schwarzen und weißen LEGO Steinen zu realisieren.

Das iPad Spiel "Cargo-Bot" besitzt insgesamt sieben Befehle und sieben Bedingungen. Aufgrund der Kürzungen bei meinem Roboter fallen die 4. Speicherzeile und die Farbe Grün weg, also ein Sprungbefehl und eine Bedingung. Allerdings brauche ich zusätzlich einen Stopp- und einen Rücksprungbefehl. Aus dieser Anzahl an zu codierenden Befehlen (8) und Bedingungen (6), ergibt sich die Menge der notwendigen sechs Bits.

Anlage 8.5 listet die notwendigen Befehle, Bedingungen und ihre Codierung auf.

3.3.2 Entwicklung des Kommunikationsprotokolls

Für den Datenaustausch zwischen dem Master und dem Bockkran muss ein Datenprotokoll[34] erstellt werden. Mit diesem Protokoll ist ein gemeinsamer Befehlssatz für beide Komponenten, ein Übertragungsverfahren und ein Übertragungsmedium festzulegen.

Für das Übertragungsmedium nutze ich die Bluetooth-Verbindung, bei der beide Seiten in der Lage sind, sowohl zu senden als auch zu empfangen. Dazu hat jeder NXT-Brick eine Inbox, in der Daten abgelegt, und eine Outbox, von der aus Daten versendet werden. Für das Übertragungsverfahren wird nach jedem Empfangen eine Bestätigung gesendet, die aus einer speziellen Zahl besteht.

3.3.3 Entwicklung der Steuerprogramme

Für das Programmieren der Steuerprogramme habe ich die Sprache NXC (Not eXactly C) benutzt. Die Gründe für die Auswahl und welche Optionen es gibt, sind im Anhang unter 8.4 aufgeführt.

---

[33] Technische Spezifikationen siehe Anlage 8.2
[34] Vgl. Anderson/Benedetti, S.153; Larisch; Plate, S.43; Weiß, S.242

Zur Verdeutlichung des Programmablaufs werden Programmablaufpläne mit Erklärungen aufgeführt. Es wird nicht der komplette Code dargestellt, sondern jeweils die wichtigsten Ausschnitte. Die vollständigen Programme sind im Anhang enthalten.

3.3.3.1 Steuerprogramm für die zentrale Steuereinheit

Die Hauptaufgabe der zentralen Steuereinheit ist es, den IST-Zustand in den SOLL-Zustand zu überführen.

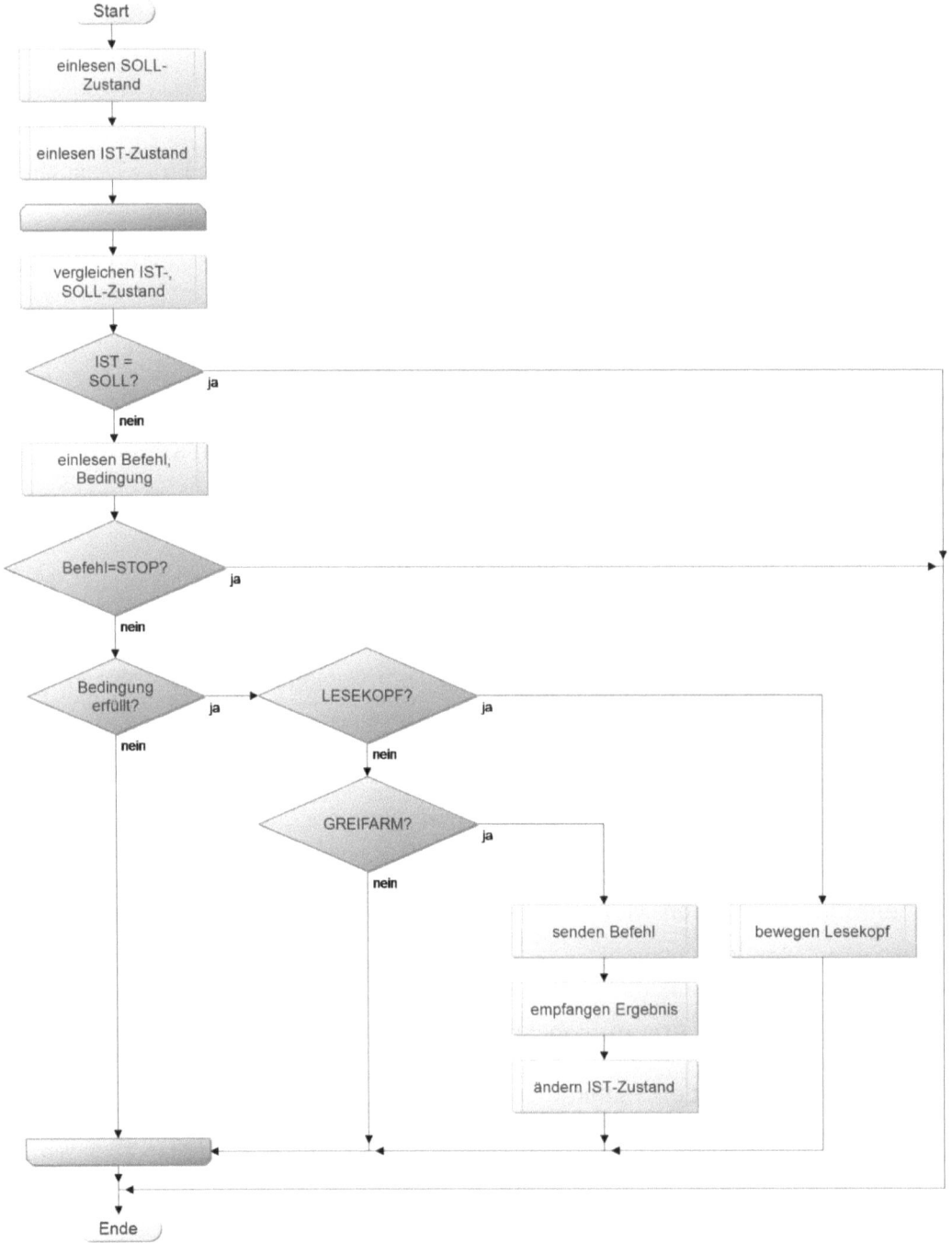

Abbildung 5: Programmablaufplan für die zentrale Steuereinheit - Hauptaufgabe

Dazu werden zuerst der SOLL und der IST-Zustand eingelesen und gespeichert. Anschließend wird das mit LEGO Steinen codierte Programm ausgeführt. Hierzu werden in einer Endlosschleife die Befehle mit den Bedingungen eingelesen und die Bedingungen überprüft. Wenn die Befehlsausführung möglich ist, wird entweder der Lesekopf gemäß dem Sprungbefehl bewegt oder die Anweisung an den Bockkran geschickt und auf eine Antwort gewartet. Anschließend wird der IST-Zustand aktualisiert und mit dem SOLL-Zustand verglichen. Ist der SOLL-Zustand erreicht, stoppt das Programm.

Darüber hinaus enthält das Steuerprogramm die Funktion für einen Notabbruch, um das Programm manuell zu stoppen. Hierzu wird in einer Endlosschleife abgefragt, ob der Tastsensor gedrückt wird.

Diese beiden Aufgaben werden in zwei parallel laufenden Tasks realisiert.

In den folgenden Abschnitten werden die grünen Unterprogramme sowie weitere wesentliche Funktionen genauer erläutert.

Bewegen des Lesekopfs

Um den Lesekopf zu bewegen, wird eine Subroutine mit dem Eingabeparameter *strecke* aufgerufen. Der Parameter gibt an, wie viele Bits der Lesekopf weiterfahren soll. Die Richtung der Bewegung wird mit dem Vorzeichen der *strecke* festgelegt.

```
void Lesekopf(int strecke){
    RotateMotorEx (OUT_AC,            // anzusteuernde Motoren
                   GESCHWINDIGKEIT,   // Geschwindigkeit der Bewegung
                   WINKEL * strecke,  // Richtung und Entfernung
                   0,                 // Synchronisation der Motoren
                   true,              // Synchronisation der Motoren
                   false);            // Bremsen oder sofort stoppen
} // void Lesekopf()
```

Der Winkel kann mithilfe einer mathematischen Formel berechnet werden:

$$Winkel = 360 * \frac{Strecke}{Umfang} \qquad \text{wobei} \qquad Umfang = Raddurchmesser * \pi$$

Die Strecke entspricht der Strecke die gefahren werden muss und der Umfang ist der Umfang des Rades. Somit kommt man bei einer Strecke von 2,4 cm und einem Radumfang von 11,18 cm auf einen Winkel von 74,41 °. Da aber nur ganzzahlige Werte von NXC akzeptiert werden, muss man alle 2-3 Steine eine Korrekturfahrt mit einem Winkel von 1 ° durchführen, da ansonsten Messfehler entstehen.

Einlesen des SOLL-Zustandes

Um den Aufbau der Blöcke zu speichern, bietet sich ein zweidimensionales Array an. Da zweidimensionale Arrays in NXC umständlich zu bearbeiten sind, musste ich den zweidimensionalen Aufbau der Blöcke in einem eindimensionalen Array speichern. Hierzu habe ich ein 4*4 Raster über die Blöcke gelegt und dieses anhand seiner Koordinaten in ein eindimensionales Feld überführt. Die Indizes 1-4 entsprechen jeweils den vier Blöcken der ersten Spalte, 5-8 der zweiten und so weiter.

Ein Beispiel: Der Block mit der Koordinate x = 3, y = 3 besitzt den Index 11.

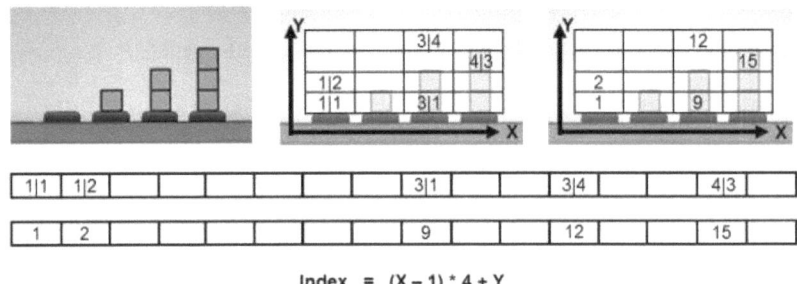

Index = (X – 1) * 4 + Y

Abbildung 6: Umwandlung eines zweidimensionalen in ein eindimensionales Feld

Jede Farbe wird mit zwei Bits/zwei LEGO Steinen codiert. Der Lesekopf fährt über die Steine, scannt deren Farbe und berechnet einen Farbwert:

OO=0 => keine Kiste; OI=1 => gelbe Kiste; IO=2 => rote Kiste; II=3 => blaue Kiste.

Der Farbwert wird anschließend in einem eindimensionalen Array gespeichert.

```
// initialisieren der Variablen
   index = 1;
   repeat(16) {
      farbe = 0;
      // 1. LEGO  Stein scannen und prüfen - ist es ein „schwarzes" Bit
         if (SENSOR_1 < SCHWELLWERT) { farbe = farbe + 2; };
         Lesekopf(1);             // weiterfahren
         Soll[index] = farbe;     // speichern des wertes
      // 2. LEGO  Stein scannen und prüfen - ist es ein „schwarzes" Bit
         if (SENSOR_1 < SCHWELLWERT) { farbe = farbe + 1; };
         Lesekopf(1);             // weiterfahren
         Soll[index] = farbe;     // speichern des wertes
         index = index + 1;       // neuberechnen des Feldindexes
   }; // repeat(16)
```

Einlesen des IST-Zustandes

Der IST-Zustand wird ebenfalls in einem eindimensionalen Array gespeichert. Hierzu scannt der Bockkran spaltenweise die aufgestapelten LEGO Steine ab und sendet jeweils eine dreistellige Zahl, in der die X- und Y-Koordinate, sowie der Farbwert des gescannten Blocks codiert sind: Die Hunderterstelle enthält die X-Koordinate, die Zehnerstelle die Y-Koordinate und die Einerstelle den Farbwert. Die Farbe wird dann mit der Indexformel (X - 1) * 4 + Y an der entsprechenden Stelle in dem IST-Array abgespeichert.

```
X              = Zahl DIV 100;
Y              = (X MOD 100) DIV 10;
Farbe          = Y MOD 10;
IST[(X-1)*4+Y] = Farbe;
```

Vergleichen des IST-Zustandes mit dem SOLL-Zustand

Da die beiden Zustände in jeweils einem Array gespeichert wurden, können diese in zwei verschachtelten Schleifen verglichen werden. Wenn die Inhalte an derselben Stelle gleich sind, wird ein Zähler um eins erhöht. Wenn dieser Wert 16 beträgt, stimmen die Arrays überein und damit ist der SOLL-Zustand erreicht.

```
byte x        = 0;          // X-Koordinate mit Startwert 0
byte y        = 1;          // Y-Koordinate mit Startwert 0
byte ergebnis_i = 0;        // Vergleichszähler mit Startwert 0
bool ergebnis_b = false;    // Rückgabewert mit Startwert false
repeat(4) {                 // gehe die Säulen ab
  y = 1;                    // beginne unten
  repeat(4) {               // untersuche die Zeilen der jeweiligen Säule
    if (soll[x * 4 + y] == ist[x * 4 + y]){ ergebnis_i = ergebnis_i + 1; }
    y = y + 1;              // gehe zur nächsten Zeile
  } // repeat
  x = x + 1                 // gehe zur nächsten Säule
} // repeat(4)
if (ergebnis_i == 16){ ergebnis_b = true; }; //
return ergebnis_b;         // Rückgabe des Vergleichergebnisses
```

Dieser Vergleich findet nach jeder Blockbewegung durch den Greifer statt.

Einlesen der Befehle und der Bedingungen

Die Befehle mit ihren Bedingungen werden ähnlich wie der SOLL-Zustand eingelesen.

Es werden drei LEGO Steine abgescannt und bitweise beginnend mit der höchsten Stelle ($2^2 - 2^1 - 2^0$) in eine Dezimalzahl umgerechnet. Der Ablauf ist für Befehl und Bedingung identisch. Anschließend wird die Variable „befehlszaehler" um eins erhöht.

```
byte befehl = 0;     // speichert den Digitalwert des Befehls
byte w      = 4;     // speichert den Wert der Stelle: 4, 2, 1
// einlesen befehl
repeat (3) {
  // einlesen der Farbe des LEGO Steins
    if (SENSOR_1 < SCHWELLWERT) { befehl = befehl + w;  };
    w = w / 2;       // anpassen wert
    Lesekopf(1);     // bewegen des Lesekopfes um 1 Bit
}; // repeat(3)
// einlesen bedingung
    ...
  befehlszaehler = befehlszaehler + 1;
```

Senden von Befehlen

Hierbei wird der Befehl in Form einer Zahl via Bluetooth an den Bockkran gesendet. Danach wird auf eine Bestätigung gewartet, bevor das Programm weiterläuft.

```
ack = 0;
SendRemoteNumber(BT_CONN,OUTBOX,befehl);
until(ack==0xFF){
      until(ReceiveRemoteNumber(INBOX,true,ack) == NO_ERR); }
```

Empfangen von Ergebnissen

Die von dem Bockkran gesendete Zahl wird aus der Inbox in einer Variablen abgespeichert. Diese Zahl kann nun weiterverarbeitet werden. Anschließend wird die Empfangsbestätigung gesendet.

```
if (ReceiveRemoteNumber(INBOX, true, information) !=
    STAT_MSG_EMPTY_MAILBOX)
{
    ... // verarbeiten der Informationen
    SendResponseNumber(OUTBOX, 0xFF); } // if
```

Greifvorgang – Bewegen des Hubwerkes

Folgende Grafik soll die Bedingungen für den Vorgang des Greifens verdeutlichen:

		Greifarm	
		leer	**voll**
Säule	**n**	greifen	absetzen n<6
	leer	-	absetzen

- Der Greifarm greift nur, wenn der Stapel nicht leer ist.
- Abgesetzt wird nur dann, wenn die Säule weniger als sechs Blöcke beinhaltet.

Abbildung 7: Bedingungen für den Greifvorgang

Um besser kontrollieren zu können ob ein Greifvorgang machbar ist, wird ein Array „profil" erstellt. Dieses beinhaltet die Anzahl an Blöcken pro Spalte. Dazu wird in 6er Schritten der IST- Zustand abgefragt und somit jeder Block erfasst.

```
repeat(4) {
  repeat(6) {
    if(ist[i] != 0){ profil[a] = profil[a] + 1;   i = i + 1;  } // if
    else { i = i + 1; } // else
  } // repeat(6)
  a = a + 1;
} // repeat(4)
```

Ist nun der Indexwert an der Position des Greifers größer als null, ist ein Greifvorgang möglich. Das Absetzen ist immer möglich, solange der Stapel nicht sechs Blöcke hoch ist. Anschließend werden die Liste des IST-Zustandes sowie das Profil aktualisiert:

```
// Greifen
  ist[(position * 4) + profil[position]] = 0;
  profil[position] = profil[position] - 1;
// Absetzen
  ist[(position * 4) + profil[position]] = zustand;
  profil[position] = profil[position] + 1;
```

Verwaltung der Sprünge

Die drei Speicherbereiche lassen die Verwendung von Unterprogrammen und damit Sprüngen zu. Damit man an die Position, an der sich der Lesekopf momentan befindet, später zurückspringen kann, wird diese in der Liste „sprung" mit dem Index „sprung_zaehler" gespeichert.

Die Variable „befehlszaehler" enthält die aktuelle Position des Lesekopfes.

```
// Berechne die Weglänge und Richtung zur Zelle 17
// 17 ist die erste Zelle im Speicherbereich 3
   p = 17 - befehlszaehler ;
   if (sprung_zaehler = 9) { Stop(true); }; // kein Sprung mehr möglich
   sprung[sprung_zaehler] = befehlszaehler; // Speichere den Absprungort
   sprung_zaehler = sprung_zaehler + 1;     // Erhöhe den sprungzaehler
   Lesekopf(6 * p);                         // Fahre zur neuen Speicherzelle
   befehlszaehler = 17;                     // Speichere die neue Position
```

Beim Rücksprung wird die Zieladresse aus der Liste „sprung" ausgelesen und anschließend der Zähler „sprung_zaehler" verringert. Dies dient dazu, um zur letzten Position vor dem Sprung zurückzukommen.

```
// Berechne die Weglänge und Richtung
   p = befehlszaehler - sprung[sprung_zaehler];
   Lesekopf(6 * p);                            // Fahre zur neuen Position
   befehlszaehler = sprung[sprung_zaehler]; // Speichere die neue Position
   sprung_zaehler = sprung_zaehler - 1;     // lösche den Sprung aus der Liste
```

3.3.3.2 Steuerprogramm für den Bockkran – Laufkatze und Hubwerk

Die Hauptaufgabe dieses Steuerprogramms ist es, die Bausteine gemäß den Befehlen der zentralen Steuereinheit zu bewegen.

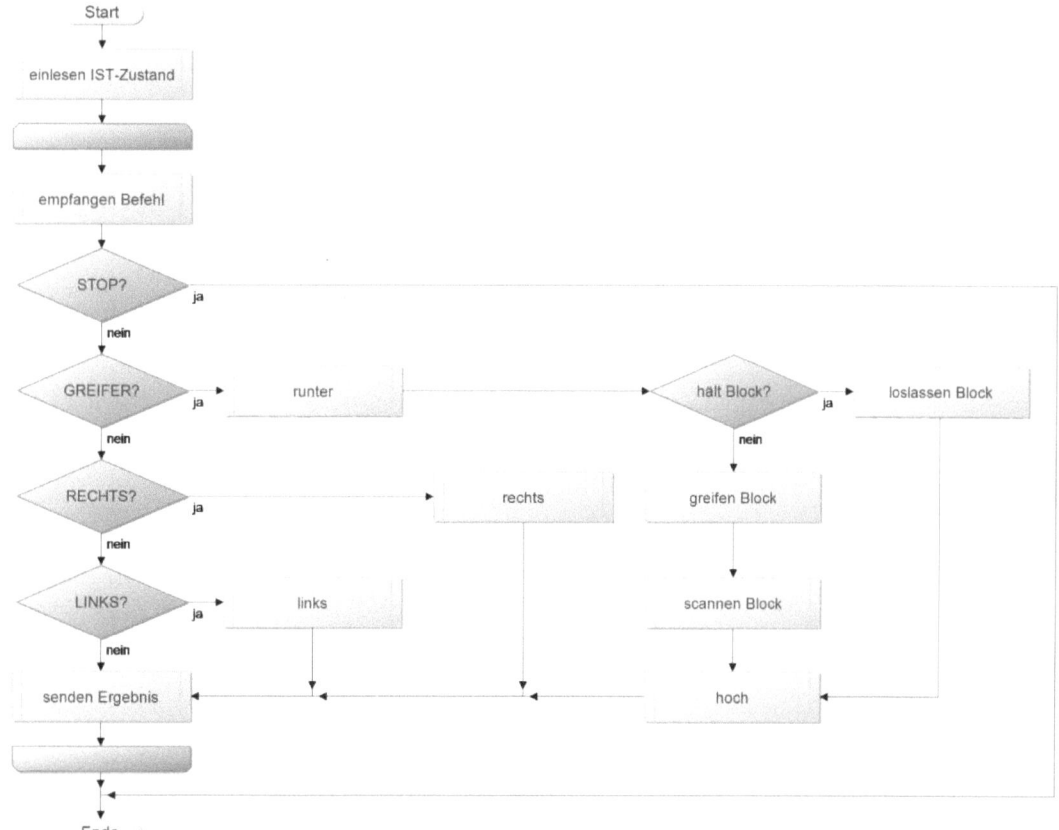

Abbildung 8: Programmablaufplan für die Steuerung des Bockkrans - Hauptaufgabe

Nach jeder Befehlsausführung wird ein Signal an die zentrale Steuereinheit gesendet, damit diese den nächsten Befehl einlesen und dessen Bedingung prüfen kann. Zusätzlich wird hier am Anfang der IST-Zustand ermittelt und an die zentrale Steuereinheit übertragen.

Das Steuerprogramm enthält ebenfalls einen Notabbruch, um das Programm zu stoppen, wenn die Laufkatze ein Ende des Bockkrans erreicht. Hierzu wird ebenfalls in einer Endlosschleife abgefragt, ob einer der beiden Tastsensoren gedrückt wurde.

Diese beiden Aufgaben werden in zwei parallel laufenden Tasks realisiert.

In den folgenden Abschnitten werden die grünen Unterprogramme erläutert.

Empfangen von Befehlen

Das Empfangen von Befehlen funktioniert wie bei der zentralen Steuerung.

Einlesen IST-Zustand

Hierfür wird in einer verschachtelten Schleife jede Spalte blockweise abgefahren und gescannt. Nach jedem Scannen wird aus der X-Koordinate, der Y-Koordinate und dem gescannten Farbwert eine dreistellige Zahl errechnet, welche anschließend an die zentrale Steuereinheit geschickt wird: Zahl = X * 100 + Y * 10 + Farbe.

Nach dem kompletten Vorgang fährt die Laufkatze auf ihre Ausgangsposition zurück.

```
byte x = 1;
byte y = 1;
repeat (4)
{ // ganz nach unten fahren
    unten = false;
    while (! unten) // runter bis grün {
        RotateMotor (OUT_A, GESCHWINDIGKEIT, 20);
        Wait(100); } // while
// sechs Positionen nach oben fahren und jeweils scannen, senden
    y = 1;
    repeat (6) {
        byte farbe = SENSOR_2; // Farbe scannen
        byte zahl = x * 100 + y * 10 + farbe; // Zahl berechnen
        senden(zahl);
        RotateMotor (OUT_A, GESCHWINDIGKEIT, -350); // einen Block hoch
        y = y + 1; } // repeat
// ganz nach oben fahren
    oben = false;
    while (! oben) // ganz hoch {
        RotateMotor (OUT_A, GESCHWINDIGKEIT, -20);
        Wait(100); } // while
    x = x + 1;
// eine Position nach rechts
    RotateMotor (OUT_B, GESCHWINDIGKEIT, -305);
} // repeat(6)
// Zurück zur Startposition
RotateMotor (OUT_B, GESCHWINDIGKEIT, 305 * 3);
```

Senden von Ergebnissen

Um die Ergebnisse des Einlesevorganges verwerten zu können, muss der Bockkran die berechnete Zahl an die zentrale Steuereinheit senden. Dieser Vorgang läuft identisch zu dem Sendevorgang des Masters ab.

Greifen/Loslassen

Der Greifarm senkt sich so lange ab, bis mit einem Ultraschallsensor ein Block erkannt wird. Anschließend senkt er sich noch ein Stück und bewegt die Greifvorrichtung abhängig davon, ob er einen Block hält oder nicht. Nach diesem Vorgang fährt der Greifarm hoch, bis er an den Bockkran stößt und senkt sich wieder ein Stück.

```
while (SensorUS(IN_3) > 7) { // Solange kein Block in Reichweite
      RotateMotor (OUT_A, GESCHWINDIGKEIT, 20); // senke Greifarm }
RotateMotor (OUT_A, GESCHWINDIGKEIT, 400);      // senke Greifarm nochmals

// greifen
RotateMotor (OUT_C, GESCHWINDIGKEIT, 750);

// loslassen
RotateMotor (OUT_C, GESCHWINDIGKEIT, -750);

while (true)  // Greifer ganz nach oben fahren {
    RotateMotor (OUT_A, GESCHWINDIGKEIT, -20);
    Wait(100); } // while
```

3.4 Entwicklung der mechanischen Teile

Die Baupläne sind als Übersicht in Anhang 8.6.3ff aufgeführt. Die detaillierten Baupläne befinden sich als HTML-Dateien auf der CD im Anhang 8.9.

3.4.1 Zentrale Steuereinheit

Die zentrale Steuereinheit besteht aus dem Speicherwerk und dem Lesekopf.

Speicherwerk

In Anlehnung an die John-von-Neumann-Architektur werden die Speicherzeilen hintereinander gelegt. Das Speicherwerk besteht somit aus mehreren LEGO Platten, welche hintereinander gereiht wurden. In der Mitte befinden sich die in schwarzen und weißen LEGO Bausteinen codierten Befehle/Bedingungen.[35] Zwischen den Steinen befinden sich Abstandshalter, um die Befehle voneinander abzutrennen. An den Rändern der Platten befinden sich zwei Schienenstrecken, auf denen der Lesekopf fährt.

Lesekopf

Der Lesekopf dient dazu, die Befehle für den Bockkran einzulesen und auszuwerten.

---

[35] Vgl. Anhang 8.5

Da der Lesekopf auch das Gewicht des LEGO MINDSTORMS Brick-Bausteins tragen muss, wird er von zwei synchronisierten Motoren (um ein Verkanten auf den Schienen zu verhindern) angetrieben.

Vorne am Lesekopf befindet sich ein Lichtsensor. Mit diesem fährt er über die schwarzen und weißen LEGO Bausteine und scannt deren Farbe. Dabei ist zu beachten, dass der Lichtsensor richtig auf das Umgebungslicht kalibriert ist, da er sonst die Farben der LEGO Bausteine nicht richtig erkennt.[36]

3.4.2 Bockkran

Der Bockkran besteht aus Gerüst, Laufkatze und Hubwerk mit Greifvorrichtung.

Gerüst

Das Gerüst besteht aus zwei Stützen, auf denen die Schienenstrecke für die Laufkatze aufliegt. Beim Bau des Gerüsts muss darauf geachtet werden, dass die Standflächen der Stützen entsprechend groß sind, damit das Gerüst stabil steht. Des Weiteren müssen die Stützen und die Schienenlaufbahn mit Querstreben stabilisiert werden, damit die Konstruktion nicht zusammenbricht.[37]

Laufkatze

Der Antrieb der Laufkatze des "Cargo-Bot" erfolgt durch einen Motor, welcher zwei der sechs Räder antreibt. Da die zwei vom Motor angetriebenen Räder durch eine starre Achse miteinander verbunden sind, wird ein Verkanten der Räder auf den Schienen verhindert. Damit die Laufkatze nicht von der Brücke herunterfährt, wird die Bewegung gestoppt, wenn die Laufkatze das jeweilige Ende der Hebebrücke erreicht hat. Das Erreichen des jeweiligen Endes wird durch zwei Tastsensoren unterhalb der Laufkatze erkannt.

Hubwerk mit Greifvorrichtung

Das mit der Laufkatze verbundene Hubwerk wird ebenfalls durch einen Motor angetrieben. Dieser ist in der Lage, die Greifvorrichtung abzusenken und anzuheben. Um zu erkennen, wann der Greifer nicht mehr angehoben werden kann, ohne mit der Brücke zu kollidieren, befindet sich an der Greifvorrichtung ein nach oben gerichteter Tastsensor. Ebenso befindet sich dort ein nach unten gerichteter Tastsensor um ein zu starkes Absenken zu verhindern. Um zu erkennen, wann der Greifer einen Stein festklemmen kann, befindet sich unterhalb der Greifvorrichtung ein Ultraschallsensor.

An der Greifvorrichtung befindet sich ein weiterer Motor. Dieser bewegt den Greifer, damit der Stein festgeklemmt werden kann. Gegenüber dem Greifer befindet sich ein Farb-

---

[36] Vgl. Frischknecht; Leimbach u.a.
[37] Vgl. http://www.texbrick.com/articles/trusses.pdf; Bochmann, S.125ff

sensor, um die Farbe des Bausteins zu detektieren. Damit kann der Roboter feststellen, ob er einen Stein hält und wenn ja, welche Farbe dieser hat, um die Bedingungen für die Ausführung des nächsten Befehls zu prüfen.

4 Zusammenfassung und Ausblick

Neben dem fächerübergreifenden Aspekt der Bedeutung von Arbeitsmaschinen für die Gesellschaft galt es auch, die Herausforderungen bei der Entwicklung einer computergesteuerten Arbeitsmaschine aufzuzeigen.

Mit meiner Arbeit konnte ich diese Fragen beantworten.

In Kapitel 2 habe ich dargestellt, wie die Komponenten sich im Laufe der Zeit entwickelt haben. Rückblickend lässt sich sagen, dass die Menschheit aufgrund ihrer Neugierde und ihres Wissensdurstes ihre damaligen Hilfsmittel mit dem Ziel, sich das Leben so einfach wie möglich zu machen, immer weiter verbesserten. Somit kam es zu drei maßgeblichen Phasen in der Geschichte, in deren Verlauf die Industrie einen starken Wandel erlebte.

Durch die erste und zweite industrielle Revolution kam es zu einem so starken Produktionsanstieg, dass die Produkte um ein vielfaches billiger verkauft werden konnten, so dass die Handarbeiter ihre Werke nicht mehr an den Mann bringen konnten. Auch konnte nun fast jeder in den Fabriken arbeiten, da aufgrund der Arbeitsteilung nur noch einzelne Schritte beherrscht werden mussten.

Durch die dritte industrielle Revolution konnten Produkte durch den Einsatz von computergesteuerten Maschinen die Produktion noch weiter gesteigert werden. Diese waren in der Lage, noch effizienter, präziser und ohne Unterbrechung zu arbeiten. Es waren somit weniger Arbeiter nötig, da nun nur noch die Maschinen kontrolliert werden mussten.

Insgesamt hatte jede dieser Revolutionen in etwa vergleichbare Vor- und Nachteile: Zum einen konnten Produkte in größeren Mengen schneller, günstiger und mit einer besseren Qualität hergestellt werden. Zum anderen konnte nun jeder in den Fabriken arbeiten, da keiner mehr alles können musste. Aufgrund dieser Arbeitsteilung kam es zu einer Monotonie der Arbeitsschritte, was die Konzentration der Arbeiter stärker belastete. Auch waren Ingenieure sehr begehrt, da diese die Maschinen weiterentwickelten und warteten.

Für die vierte Revolution kann man zum einen einen steigenden Wert der Ingenieure und Programmierer voraussagen, da diese für das Entwickeln und Funktionieren der Maschinen zuständig sind. Der Arbeiter wird dann nicht mehr in den Produktionsablauf eingebunden, sondern nur noch für die Überwachung der Produktion zuständig sein.

Zum anderen werden die Computer einen steigenden Einfluss auf die Gesellschaft haben. Die Computer werden in immer mehr Bereichen anstelle der Menschen eingesetzt und als Lösung für alle Probleme angesehen.

Vor allem dies kritisiert Joseph Weizenbaum, ein Mathematiker und Informatiker, der durch die Entwicklung des Programms „ELIZA" bekannt wurde und sich zu einem der bedeutendsten Kritiker im Bereich der Informatik und Gesellschafft entwickelt hat:

„Ich nehme an, daß ich auch einen Ferrari oder Maserati schätzen würde - aber ich würde so ein Auto keinem 14jährigen Jungen geben. Und das hat nichts damit zu tun, daß die Technik böse ist oder das Auto gefährlich: Der Junge ist einfach nicht reif genug, so ein mächtiges Instrument vernünftig zu benutzen. Dasselbe gilt für unsere Gesellschaft. Und die Frage ist für mich nur, ob wir sieben Jahre alt sind oder schon vierzehn."[38]

Er kritisiert hier speziell die die Unfähigkeit der Gesellschafft mit moderner Technologie umzugehen und vernünftig zu benutzen. Dazu vergleicht er die heutige Gesellschafft mit einem kleinen Jungen, der mit einem sehr schnellen Sportwagen fährt. Zum Schluss stellt er noch die Frage, ob die Gesellschaft überhaupt ansatzweise erfahren genug ist, mit der heutigen Technologie umzugehen.

Für den zweiten Teil meiner Arbeit habe ich in Kapitel 3 einen funktionsfähigen Computer nach der Von-Neumann-Architektur gebaut. Bei der Entwicklung gab es tatsächlich einige Herausforderungen zu lösen. Es fängt beim Bau der Roboterkomponenten an. Die zentrale Steuereinheit musste möglichst kompakt und leicht gebaut werden. Das gleiche gilt für die Laufkatze, die zusätzlich zu ihrem Gewicht das Gewicht des Hubwerks tragen muss. Die Hebebrücke muss so stabil gebaut werden, dass sie das Gewicht der Laufkatze und des Hubwerks trägt und sich möglichst wenig biegt oder auseinanderbricht. Weiter geht es mit der Entwicklung einer Maschinensprache, die alle Anforderungen, um das Spiel "Cargo-Bot" so genau wie möglich umzusetzen, erfüllen muss. Des Weiteren mussten die Motorumdrehungen für alle Motoren genau abgestimmt werden, damit während der Durchführung des Programms möglichst keine Ungenauigkeiten entstehen und der Ablauf schließlich fehlschlägt. Außerdem besitzt die Entwicklungsumgebung keinen Debugger, was stundenlanges Suchen und Testen zur Folge hatte um alle Logikprobleme auszumerzen. Als letzte Herausforderung stellte sich die Kommunikation der Komponenten heraus, da es zwischenzeitlich ziemlich unübersichtlich wurde, was, wann gesendet wird.

Abschließend noch ein paar Erkenntnisse zum Entwickeln mit LEGO MINDSTORMS:
Bei dem Bau meines Roboters fiel mir auf, dass ich zwar genügend Anschlüsse für den Motor habe, aber mehr Sensoren anschließen muss, als Sensorensteckplätze zur Verfügung stehen. Die Lösung war der Touch Multiplexer von HiTechnic, der vier weitere Steckplätze ermöglicht.

---

[38] http://www.zitate.de/autor/Weizenbaum,+Joseph [Stand: 15.12.2013]

Mehr Speicherplatz für den NXT-Brick wäre ebenfalls gut, da dieser schon ziemlich begrenzt ist, vor allem, wenn man Audio-Dateien für die Ausgabe benutzen möchte. Dieser wurde in der neuesten Version (LEGO MINDSTORMS EV3) deutlich erhöht.

Außerdem hängt die Genauigkeit der Motorsteuerung stark von der Batteriekapazität ab, so dass ein Netzanschluss für stationäre Roboter von Vorteil wäre. Insgesamt kann der Motor ziemlich genau angesteuert werden, dennoch kommt es vor allem auf längeren Strecken vor, dass eine halbe Radumdrehung fehlt. Dies liegt sowohl an der Batterieladung, als auch an den Zahnrädern.

Schließlich wäre es sinnvoll, wenn LEGO separat auch längere Kabel verkaufen würde. Derzeit werden die Kabel von LEGO nur mit einer Länge von max. 50 cm geliefert.

4.1 Ausblick

Bisher ist der von mir gebaute Roboter eine vereinfachte Nachbildung des Apple iPad Spiels "Cargo-Bot". Um die Hebebrücke realistischer zu machen, könnte man ein komplexeres Gerüst bauen, auf dem sich der Greifarm nicht mehr eindimensional, sondern zweidimensional bewegt. Somit könnte man die Bauklötze im dreidimensionalen Raum bewegen. Damit würde aus dem bisherigen Bockkran ein Portalkran entstehen. Portalkräne benutzt man an Güterumschlagplätzen, um Container und diverse andere Lasten zu verteilen. Mit den zwei neu hinzugekommen Befehlen (vor, zurück) reicht die bisher verwendete 6-Bit Codierung nicht mehr aus. Hierzu sind zwei weitere Bits erforderlich, um genügend Codierungsmöglichkeiten zu erhalten. Als nächstes könnte man die Bedingungen durch farbige LEGO Steine ersetzen und damit Bits einsparen. Dafür muss man den Lichtsensor am Lesekopf durch einen Farbsensor ersetzen. Ein weiterer Schritt wäre, den Lesekopf und den Speicher komplett wegzulassen. Somit muss der LEGO Cargo-Bot einen Weg finden, die Klötze selbstständig zur Zielformation zu sortieren. Dies geht allerdings in den Bereich der Künstlichen Intelligenz hinein und birgt weitere Herausforderungen für die Umsetzung.

5   Literatur- und Quellenverzeichnis

Anderson, Al; Benedetti, Ryan; Schulte, Lars [Übers.]: Netzwerke von Kopf bis Fuß. 1. Auflage. Köln: O'Reilly Verlag, 2010.

Anderson, Chris; Schmid, Sigrid [Übers.]: Makers: das Internet der Dinge: die nächste industrielle Revolution. München: Carl Hanser Verlag 2013.

Antrieb: URL: http://de.wikipedia.org/wiki/Antrieb [Stand: 20.10.2013]

Arbeitsmaschine: URL: http://de.wikipedia.org/wiki/Arbeitsmaschine [Stand: 06.10.2013]

Arbeitsmaschinen: URL: http://www.mdr.de/lexi-tv/Roboter102.html [Stand: 06.10.2013]

Aristoteles: „Politik". URL: http://www.otium-bremen.de/js/index.htm?/autoren/a-aristoteles.htm [Stand: 06.10.2013]

Automatisierung: URL: http://de.wikipedia.org/wiki/Automation [Stand: 06.10.2013]

Baumann, Albrecht (u.a.): Automatisierungstechnik - Mit Informatik und Telekommunikation. 4. Auflage. Haan–Gruiten: Verlag Europa – Lehrmittel, Nourney, Vollmer GmbH & Co., 2001.

Benedettelli, Danielle: Roberta - Programmieren mit NXC. 1. Auflage. St. Augustin: Fraunhofer Verlag, 2012.

Bochmann, Fritz: Statik im Bauwesen 1: Einfache statische Systeme. 19. Auflage. Berlin: Verlag für Bauwesen GmbH, 1996.

Braun, Hans-Joachim; Kaiser, Walter: Propyläen Technikgeschichte/Bd. 5 Energiewirtschaft, Automatisierung, Information: seit 1914. Berlin: Ullstein Verlag, 1997.

Bricx Command Center: URL: http://bricxcc.sourceforge.net/ [Stand 25.10.2013]

Conrad, Walter [Hrsg.]: Geschichte der Technik in Schlaglichtern. Mannheim: Bibliographisches Institut & F. A. Brockhaus AG, 1997.

Computergesteuerte Werkzeugmaschinen. Pädagogische Hochschule Weingarten. URL: http://www.ph-weingarten.de/technik/downloads/CWM_Script.pdf [Stand: 26.10.2013]

Einfache Maschine: URL: http://de.wikipedia.org/wiki/Einfache_Maschine [Stand: 07.10.2013]

Engelmann, Lutz: Computer – Basiswissen Schule. 2. Auflage. Mannheim: Bibliographisches Institut & F. A. Brockhaus AG, 2004.

Frischknecht, Claudia; Other, Thomas: LEGO MINDSTORMS NXT – Next Generation. Semesterarbeit SA – 2006.18. Zürich: ETH Zürich, 2006. URL: ftp://ftp.tik.ee.ethz.ch/pub/students/2006-So/SA-2006-18.pdf

Funken, Walter; Koltrowitz, Bernd: Geschichte Plus 7|8. 1. Auflage, 2. Druck, 2008. Berlin: Cornelsen Verlag, 2008.

Gonick, Larry: Der Computercomic. 1. Auflage. Hamburg: Rowohlt Taschenbuch Verlag GmbH, 1987.

Grundlagen der Computertechnik. Time-Life Bücher. 7. Auflage. Amsterdam: Time-Life Verlag, 1990.

Hagermann, Dieter; Schneider, Helmuth; König, Wolfgang [Hrsg.]: Propyläen Technikgeschichte/Bd. 1 Landbau und Handwerk 750 v.Chr. bis 1000 n.Chr. Berlin: Ullstein Verlag, 1997.

Heck, Hans-Dieter: Lexikon der Technik. Frankfurt am Main: Goverts Krieger Stahlberg Verlag GmbH, 1972.

Internet der Dinge: URL: http://www.internet-der-dinge.de/ [Stand: 06.10.2013]

Künzel, Werner; Bexte, Peter: Maschinendenken/Denkmaschinen – An den Schaltstellen zweier Kulturen. 1. Auflage. Frankfurt am Main: Insel Verlag, 1996.

Larisch, Dirk: Netzwerktechnik. 3. Auflage. Heidelberg: Hüthig Jehle Rehm GmbH, 2010.

LEGO Digital Designer: URL: http://ldd.LEGO .com/de-de/ [Stand: 25.10.2013]

LEGO Set guide: URL: http://www.brickset.com/ [Stand: 23.11.2013]

Leimbach, Thorsten; Trella, Sebastian: LEGO MINDSTORMS NXT - Programmiersprachen im Überblick. 1. Auflage. St. Augustin: Fraunhofer Verlag, 2010.

Leimbach, Thorsten (u.a.): Roberta – Spezifikation und Evaluation des LEGO MINDSTORMS NXT Systems. 1. Auflage. St. Augustin: Fraunhofer Verlag, 2011.

Marks, Robert B.: Die Ursprünge der modernen Welt – Eine globale Weltgeschichte. Stuttgart: Konrad Theiss Verlag GmbH, 2006.

Maschine: URL: http://de.wikipedia.org/wiki/Maschine [Stand: 06.10.2013]

NXT-Kabel: URL: http://LEGO .brandls.info/legtips.htm#Kabel [Stand: 23.10.2013]

Pädagogische Hochschule Weingarten. URL: http://www.ph-weingarten.de/technik/downloads/Automatisierung_skript.pdf. Stand [26.10.2013]

PapDesigner: URL: http://friedrich-folkmann.de/papdesigner/Hauptseite.html [Stand: 25.10.2013]

Paulinyi, Akos; Troitzsch, Ulrich: Propyläen Technikgeschichte/Bd. 3. Mechanisierung und Maschinisierung : 1600 bis 1840. Berlin: Ullstein Verlag, 1997.

Plate, Jürgen: Das Telefonhandbuch: Was man kann – was man darf – und mehr ….
München: Pflaum Verlag, 1994.

Portalkran: URL: http://de.wikipedia.org/wiki/Portalkran [Stand: 06.10.2013]

Rohde, Joachim; Roming, Markus: Assembler – Grundlagen der Programmierung. 2. Auflage. Heidelberg: REDLINE GMBH, 2006

Ruppert, Wolfgang: Die Fabrik: Geschichte von Arbeit und Industrialisierung in Deutschland. München: Beck'sche Verlagsbuchhandlung, 1983.

Software. Time-Life Bücher. 5. Auflage. Amsterdam: Time-Life Verlag, 1990.

Speicherprogrammierbare Steuerung: URL: http://de.wikipedia.org/wiki/Speicher programmierbare_Steuerung [Stand: 30.10.2013]

Trusses: URL: http://www.texbrick.com/articles/trusses.pdf [Stand: 10.10.2013]

Ulrich, Kilian; Bernhard, Peter A.: Wie funktioniert das? Die Technik. Mannheim: Bibliographisches Institut & F.A. Brockhaus AG, 2003.

Weber, Wolfhard; König, Wolfgang [Hrsg.]: Propyläen Technikgeschichte/Bd. 4 Netzwerke Stahl und Strom 1840 bis 1914. Berlin: Ullstein Verlag, 1997.

Weiß, Joachim: Duden Informatik. Mannheim: Bibliographisches Institut & F.A. Brockhaus AG, 2001.

Weizenbaum, Joseph; Rennert, Udo [Übers.]: Die Macht der Computer und die Ohnmacht der Vernunft. Frankfurt am Main: Suhrkamp Verlag, 1977.

Windmühle: URL: http://de.wikipedia.org/wiki/Windm%C3%BChle [Stand: 30.10.2013]

Wolmeringer, Gottfried: Coding for fun – IT – Geschichte zum Nachprogrammieren. 1. Auflage. Bonn: Galileo Press, 2008.

Yazdani, Masoud; Kandler, Benny: Computer für Anfänger. 1. Auflage. Hamburg: Rowohlt Taschenbuchverlag GmbH, 1988.

Ziegler, Peter-Michael: Losgröße 1 – Wie IT die industrielle Produktion revolutionieren soll. Hannover: Heise Verlag, 2013. c't Magazin für Computertechnik Nr. 26/2013, S. 82 - 87.

6 Abbildungsverzeichnis

7 Sachregister

8 Anhang

8.1 Apple® iPad® "Cargo-Bot"

Hauptmenü

Hier wird die Schwierigkeit des Levels ausgewählt. Man sieht unter jedem Levelpack die Anzahl der erreichten Sterne. Pro Level kann man drei erhalten, je kürzer die Lösung, desto mehr Sterne.

Abbildung 9: Levelpackauswahl

Levelauswahl

Dies ist die Levelauswahl. Ganz oben steht die Schwierigkeitsstufe. Dann sieht man jeden Level mit einer Vorschau der momentanen Anordnung der Blöcke. Unter jeder Vorschau sieht man die Anzahl der erreichten Sterne pro Level.

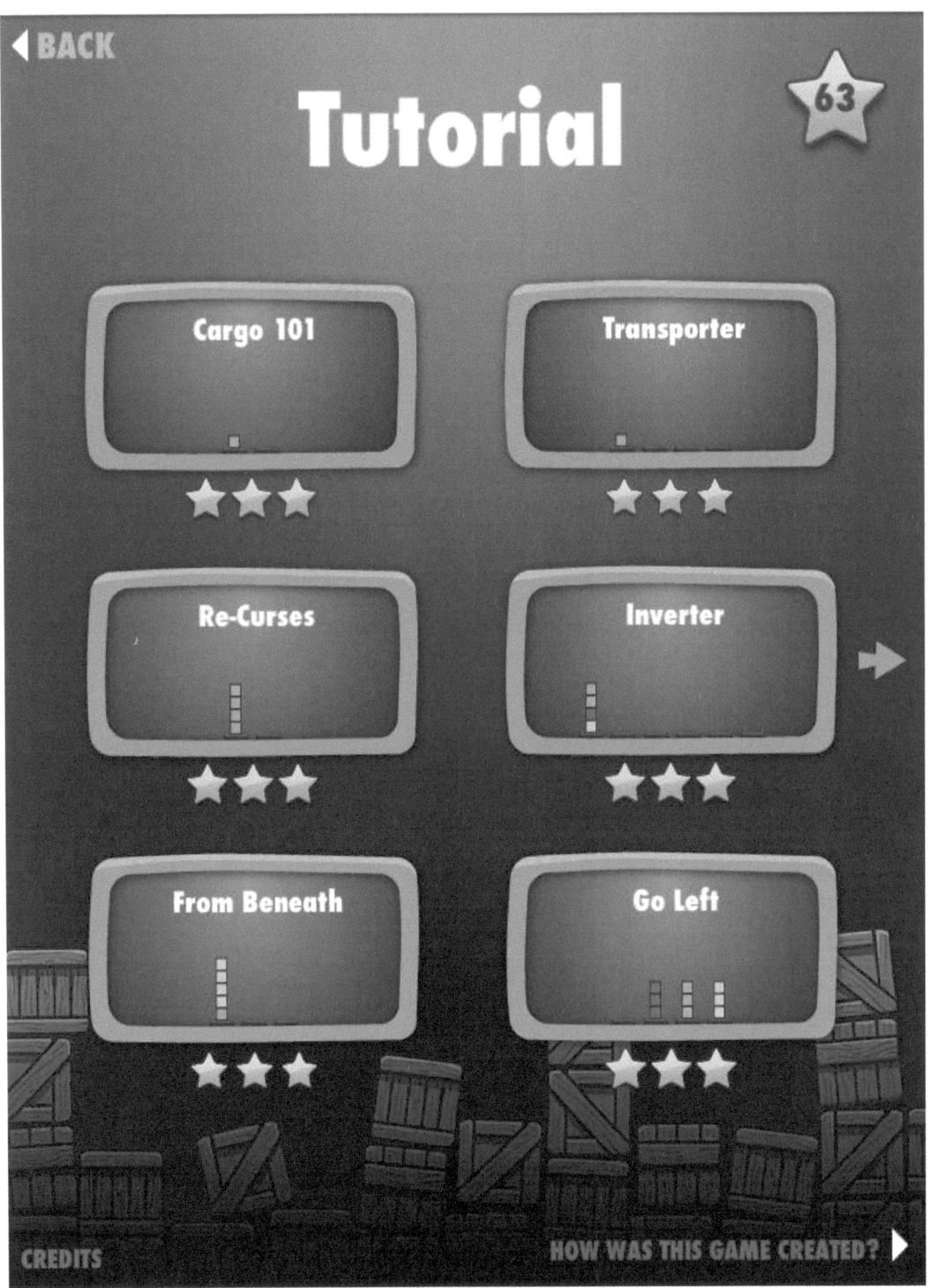

Abbildung 10: Levelauswahl

Spiel

So sollen die Blöcke sortiert werden

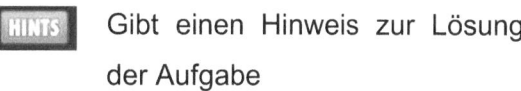 Gibt einen Hinweis zur Lösung der Aufgabe

 Geht zurück in das Hauptmenü

 Spult den Programmablauf vor

 Geht schrittweise durch das Programm

An dieser Position befinden sich die Blöcke und der Greifarm.

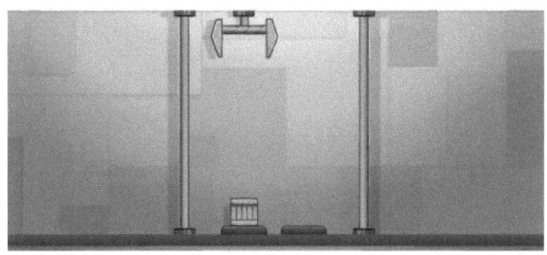

Hier wird das Programm zur Steuerung des Greifarms erstellt.

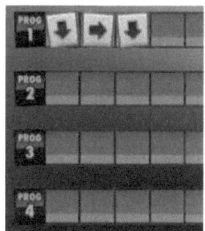 In diese vier einzelnen Speicherbereiche werden die Befehle eingetragen.

 Start des Programms

 Mögliche Befehle, die für das Steuerprogramm verwendet werden können.

Alles löschen

Abbildung 11: Bildschirmaufbau von "Cargo-Bot"

Befehle

Steuerung des Programmablaufs

 Sprung an den Anfang von Programmzeile 1.

 Sprung an den Anfang von Programmzeile 2.

 Sprung an den Anfang von Programmzeile 3.

 Sprung an den Anfang von Programmzeile 4.

Steuerung des "Cargo-Bot"

 Der Greifarm senkt sich, greift einen Block/lässt einen Block los.

 Der Greifarm bewegt sich um ein Feld nach links.

 Der Greifarm bewegt sich um ein Feld nach rechts.

Abbildung 12: Befehle für die Steuerung des "Cargo-Bot"

Bedingungen, unter denen die Befehle ausgeführt werden

 Befehl wird ausgeführt, wenn der Greifarm keinen Block hält.

 Befehl wird ausgeführt, wenn der Greifarm einen blauen Block hält.

 Befehl wird ausgeführt, wenn der Greifarm einen grünen Block hält.

 Befehl wird ausgeführt, wenn der Greifarm einen roten Block hält.

 Befehl wird ausgeführt, wenn der Greifarm einen gelben Block hält.

 Befehl wird ausgeführt, wenn der Greifarm einen Block beliebiger Farbe hält.

Abbildung 13: Bedingungen für die Ausführung von Befehlen

8.2 Spezifikation der verwendeten LEGO MINDSTORMS® Komponenten[39]

Bild	Typ	Beschreibung
	9843 Sensor Taste	Der Sensor übermittelt bei einem Druck-gewicht von 34 Gramm (entspricht einer Kraft von 0.34 Newton) den Wert „1" (ge-drückt).
	9844 Sensor Licht	Der Sensor übermittelt Werte im Bereich 0-100, welche verschiedene Grautöne darstellen. Diese lassen sich einer Farbe zuordnen. Je näher das Objekt am Sensor ist, desto besser ist das Messergebnis
	9694 Sensor Farbe	Der Farbsensor ist eine Weiterentwicklung des Lichtsensors mit präziserer Messung. Der Sensor übermittelt Werte von 1-6, welche jeweils eine Farbe repräsentieren.
	9846 Sensor Entfernung	Der Ultraschallsensor misst Entfernungen. Der Startpunkt ist die Mitte des Sensors. Der kleinste messbare Wert liegt bei 3 cm, im Bereich von 0 cm – 20 cm liegt die Ge-nauigkeit bei ± 3 cm.
	9842 Motor	Die kleinste Umdrehungseinheit beträgt 1°, bei einer maximalen Leistung von 100 % benötigt der Motor 0,44 Sek. für eine Um-drehung.

---

[39] Vergleiche: Frischknecht, Other; Leimbach (u.a.)

Bild	Typ	Beschreibung
	9841 NXT-Brick	Der NXT-Brick ist das Herz und Hirn des LEGO MINDSTORMS. Er bietet: 4 Anschlüsse für Sensoren. 3 Anschlüsse für Motoren (Aktoren) 1 USB Anschluss. 256 kByte Flash Speicher, davon nutzt die Firmware 125 kByte 64 kByte Hauptspeicher

8.2.1 Spezifikation der verwendeten Komponenten von Drittherstellern für LEGO MINDSTORMS®

Bild	Typ	Beschreibung
	HiTechnic Tastsensor-Multiplexer	Erweitert die Anzahl an Steckplätzen für Tastsensoren.

8.3 Herstellen von LEGO MINDSTORMS® Kabel

Da die beim LEGO MINDSTORMS Baukasten mitgelieferten Kabel für meinen Verwendungszweck zu kurz waren, musste ich mir selbst welche basteln[40].

Dazu braucht man eine Rolle 6-adriges Flachbandkabel, Stecker[41] für den Anschluss der NXT-Sensoren/-aktoren sowie eine modifizierte Crimpzange. Dies liegt daran, dass LEGO als Schutz vor Verwechslungen die RJ12-Telefonstecker durch Verschieben der Nase nach rechts leicht modifiziert hat. Damit ist in der Crimpzange ein Teil wegzufeilen.

Abbildung 14: Modifikation der Crimp-Zange

Mit der Crimpzange kann man nun das Kabel auf gewünschter Länge abschneiden. Dabei ist unbedingt darauf zu achten, dass der Schnitt gerade verläuft.

Anschließend muss man die Gummiisolierung der Kabel entfernen. Dazu steckt man das Kabelende in die Zange und drückt vorsichtig und nicht komplett zu, damit man das Kabel nicht beschädigt. Danach kann man die Isolierung einfach abziehen.

Als letzten Schritt muss man jetzt noch die Stecker befestigen. Dazu steckt man sie einfach an das Ende des Kabels auf. Dabei zu ist beachten, dass man das eine Kabelende um 180° gedreht aufsteckt, damit es funktioniert. Nach dem Aufstecken muss man nur noch die Stecker mithilfe der Crimpzange stark auf das Kabel pressen, damit es wirklich fest sitzt und man eine elektrisch wie mechanisch einwandfreie Verbindung erhält.

Um zu überprüfen, ob die Kabel auch funktionieren, kann man ebenfalls bei mindsensors.com einen NXT-Kabeltester[10] kaufen. Dieser zeigt über eine LED-Anzeige die Funktionalität des Kabels an.

---

[40] Vergleiche http://lego.brandls.info/legtips.htm#Kabel
[41] http://www.mindsensors.com/index.php?module=pagemaster&PAGE_user_op=view_page&
PAGE_id=139&MMN_position=50:50 [Stand: 26.10.2013]

8.4 Verwendete Software

Bei der von LEGO mitgelieferten Sprache NXT-G hat sich nach einigen Versuchen herausgestellt, dass die grafische Programmierung bei komplexeren Programmen schnell zu unübersichtlich wird. Bei weiteren Recherchen fand ich insgesamt neun verschiedene Sprachen und alle haben ihre Vor – und Nachteile.[42]

Name	NXT-G 2.0	LabVIEW Education Edition	Robolab 2.9	NXC	leJOS	RobotC	GNAT GPL for NXT	nxtOSEK	PBLua
Sprache	Graphisch	Graphisch	Graphisch	C-ähnlich	Java-Derivat	C-ähnlich	Basic	ANSI C/C++	Lua
Preis	Siehe nächste Seite								
Betriebssystem	Windows, MAC OS	Windows, Mac OS	Windows, Mac OS	Windows, Mac OS, Linux, BSD	Windows, Mac OS, Linux	Windows	Windows, Mac OS, Linux	Windows, (Linux), (Mac OS)	Windows, Mac OS, Linux
Firmware	NXT-Firmware	NXT-Firmware	NXT-Firmware	NXT-Firmware	Java JVM	RobotC Firmware	nxtOSEK	nxtOSEK	NXT-lua
Geeignte für	Einsteiger	Fortgeschrittene	Einsteiger	Geübte Einsteiger	Fortgeschrittene	Geübte Einsteiger	Fortgeschrittene	Fortgeschrittene	Fortgeschrittene
Programmierumgebung	LEGO Mindstorms Eudcation / Retail NXT	LabVIEW	Robolab	u.a. Bricx Command Center	u.a. Netbeans, Eclipse, Javaeditor	RobotC	u.a. Netbeans, Eclipse	u.a. Eclipse	Eclipse
Sprachumfang									
Felder (Array)	X	√	X	√	√	√	√	√	√
Schleifen	√	√	√	√	√	√	√	√	√
„If-Anweisung"	√	√	√	√	√	√	√	√	√
„Switch-Case Anweisung"	√	√	√	√	√	√	√	√	X
Rekursion	X	√	X	X	√	X	X	√	X
Trigonometrische Funktionen	X (nachrüstbarer Download)	√	√	√	√	√	√	√	√
Fließkomma Arithmetik	X	√	X	√	√	√	√	√	√
Bluetooth Verbindung									
Verbindung mit anderen Geräten	Nein	Ja	Nein	Ja	Ja	Ja	Ja	?	Ja
Verbindung von NXT zu NXT	Ja	Ja	Nein	Ja	Ja	Ja	Ja	Ja	Ja
Protokolle	BT	BT + I2C	-	BT + I2C	BT + I2C + USB	BT + I2C	BT	BT + I2C + USB	BT + I2C
NXT-Filesystem Zugriff	Ja, eingeschränkt	Ja	Ja	Ja	Ja	Ja	Ja	Ja	Ja
Integriertes Data Logging	Ja	Ja	Ja	Ja, rudimentär	Ja, rudimentär	Ja	Nein, nur manuell	Nein, nur manuell	Nein, nur manuell

Abbildung 15: Programmiersprachen für LEGO MINDSTORMS

Mein erstes Auswahlkriterium war, kein Geld für die Entwicklungsumgebung auszugeben, womit schon mal einige wegfielen.

Als nächstes sollte eine Kommunikation zwischen zwei NXT Bricks möglich sein.

Zu den Sprachen, mit denen dies möglich ist, zählten NXC, leJOS, GNAT GPL for NXT, PBLua und nxtOSEK. NXC wird mit einer C-ähnlichen Sprache programmiert, leJos mit Java, GNAT GPL mit Basic, nxtOSEK mit C++ und PBLua mit Lua.

Das ausschlaggebende Kriterium für die Benutzung von NXC war die zu installierende Firmware für den NXT-Brick, damit dieser mit der Sprache programmierbar ist.

NXC benutzt die Standard NXT-Firmware, welche von Anfang an installiert ist. Für die anderen Sprachen benötigt man jeweils eine eigene Firmware, welche manuell auf den NXT-Brick aufgespielt werden muss. Das mit dem Aufspielen verbundene Risiko etwas kaputt zu machen, war mir dabei zu groß.

---

[42] Vergleiche: Leimbach, Thorsten; Trella, Sebastian: LEGO MINDSTORMS NXT - Programmiersprachen im Überblick

8.5 Maschinensprache des LEGO® "Cargo-Bot"

Steuerbefehle für den Greifarm

iPad	Beschreibung	Kürzel	LEGO
	Greifarm senkt sich, greift einen oder lässt einen Block los.	Greifen/Loslassen	
	Greifarm bewegt sich um ein Feld nach links.	Links	
	Greifarm bewegt sich um ein Feld nach rechts.	Rechts	

Steuerbefehle für den Lesekopf

iPad	Beschreibung	Kürzel	LEGO
PROG 1	Sprung an den Anfang von Programmzeile 1.	Sprung 1	
PROG 2	Sprung an den Anfang von Programmzeile 2.	Sprung 2	
PROG 3	Sprung an den Anfang von Programmzeile 3.	Sprung 3	
PROG 4	Sprung an den Anfang von Programmzeile 4.	Sprung 4	Aus Kostengründen nicht realisiert.
–	Stoppt die Programmausführung	Stopp	
–	Sprung zur aufrufenden Stelle des Unterprogramms	Rücksprung	

Bedingungen für die Ausführung von Befehlen

iPad	Beschreibung	Kürzel	LEGO
	Wenn der Greifarm keinen Block hält.	Kein Block	
	Wenn der Greifarm einen blauen Block hält.	Blauer Block	
	Wenn der Greifarm einen grünen Block hält.	Grüner Block	Aus Kostengründen nicht realisiert.
	Wenn der Greifarm einen roten Block hält.	Roter Block	
	Wenn der Greifarm einen gelben Block hält.	Gelber Block	
	Wenn der Greifarm einen Block beliebiger Farbe hält.	Beliebiger Block	
	Keine Bedingung	Immer	

Codierungen für die Beschreibung des SOLL-Zustandes

iPad	Beschreibung	Kürzel	LEGO
-	Keine Kiste	-	
-	Gelbe Kiste	-	
-	Rote Kiste	-	
-	Blaue Kiste	-	

Codierungen für die Startposition der Laufkatze

iPad	Beschreibung	Kürzel	LEGO
-	Säule 1	-	
-	Säule 2	-	
-	Säule 3	-	
-	Säule 4	-	

8.6 LEGO Baupläne der LEGO® "Cargo-Bot-Module"

8.6.1 Speicherwerk

Bausteinübersicht

Bild	Design-ID	Element-ID	Beschreibung	Anzahl
	6098	4520892	Plate 16x16	36
	3007	4211392	Brick 1x8	140
	3023	302321	Plate 1x2	62
	3023	4211398	Plate 1x2	134
	3743	374302	Toothed Bar M=1, Z=10	278
	3003	300326	Brick 2x2	90
	3003	300301	Brick 2x2	90
	3003	4211387	Brick 2x2	2
	3002	4211386	Brick 2x3	3
	3001	4211385	Brick 2x4	5
	3040	4211614	Roof Tile 1x2/45°	2
	3024	302401	Plate 1x1	44
	3024	302421	Plate 1x1	12

8.6.2 Lesekopf

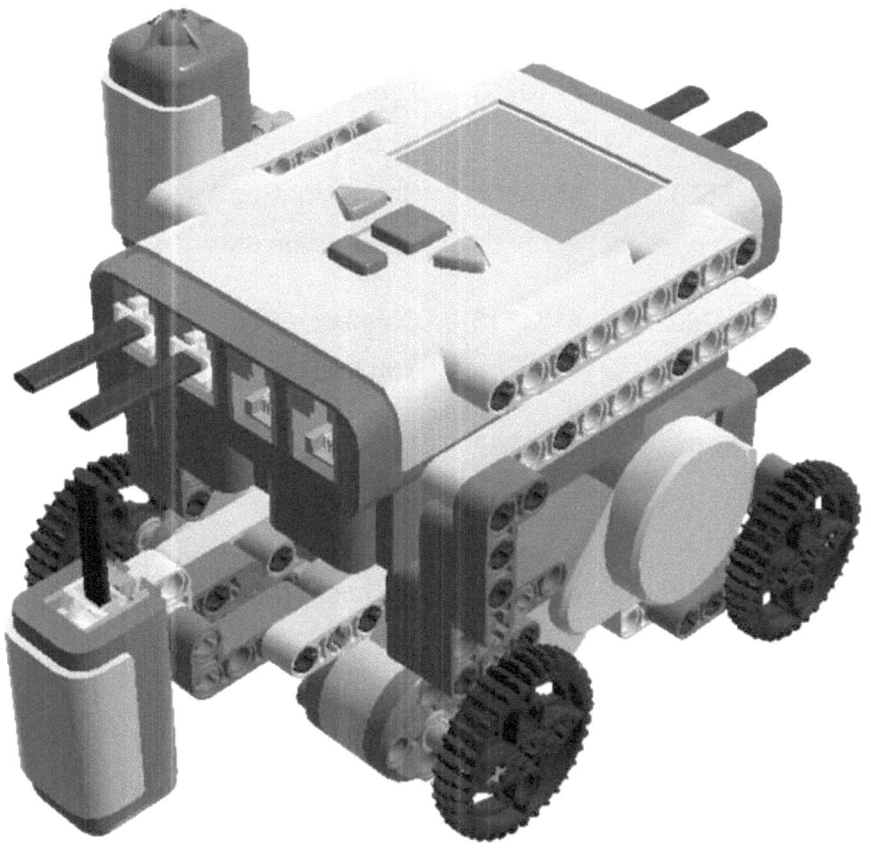

Bausteinübersicht

Bild	Design-ID	Element-ID	Beschreibung	Anzahl
	32526	4210753	Technic Angular Beam 3X5 90 Deg.	6
	6558	4514553	Connector Peg with Friction 3M	7
	2780	4121715	Connector Peg with Friction	42
	32140	4210667	Technic Angular Beam 4X2 90 Deg.	6
	325525	4297200	Technic 11M Beam	2
	43093	4206482	Connector Bush with Friction/Cross Axle	4
	32524	4495927	Technic 7M Beam	7
	32316	4211651	Technic 5M Beam	6
	48989	4225033	Beam 3M with 4 Snaps	5
		4297187	Cable 208mm	4
	40490	4297202	Technic 9M Beam	2
	32073	4211639	Cross Axle 5M	4

Bild	Design-ID	Element-ID	Beschreibung	Anzahl
	32498	4177434	Double Conical Wheel Z36	4
	6590	4211622	Bush for Cross Axle	4
	32138	4119589	Module Bush	2
	32523	4211655	Technic 3M Beam	
	53787	4297008	Tacho Motor	2
	53793	4296929	Touch Sensor	1
		4546542	Light Sensor	1
	61988	6034375	NXT Brick	1

8.6.3 Bockkran

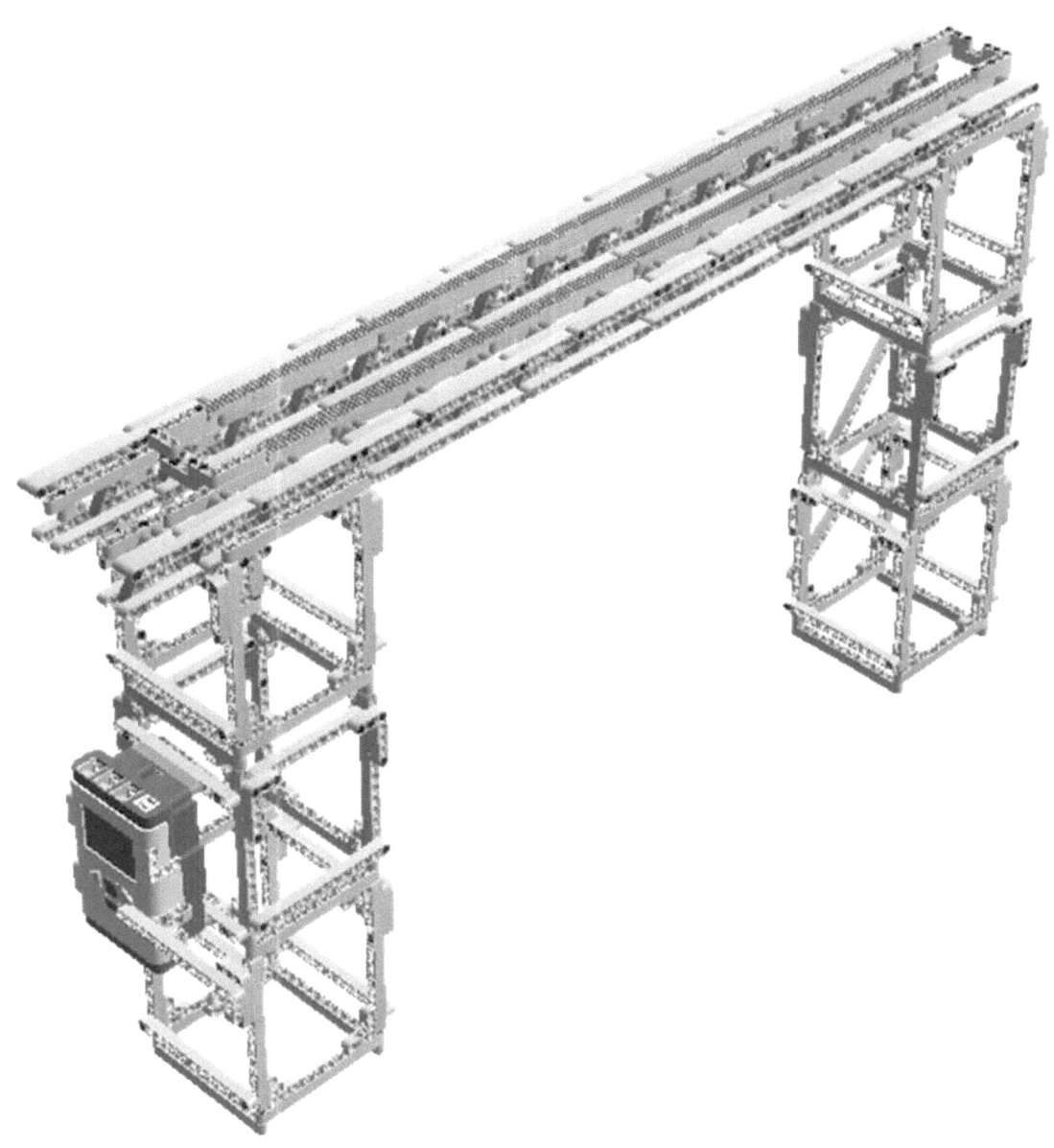

Bausteinübersicht

Bild	Design-ID	Element-ID	Beschreibung	Anzahl
	32316	4211651	Technic 5m Beam	68
	32524	4495927	Technic 7M Beam	4
	40490	4297202	Technic 9M Beam	4
	32525	4297200	Technic 11M Beam	16
	41239	4522939	Technic 13M Beam	43
	64871	4548305	Technic 15M Beam	89
	32526	4210753	Technic Angular Beam 3x5 90 Deg.	28
	4274	4211483	Connector Peg with knob	74
	2780	4121715	Connector Peg with Friction	295
	6562	4666579	Connector Peg/Cross axle	62
	6558	4514553	3M Connector Peg	78

Bild	Design-ID	Element-ID	Beschreibung	Anzahl
	6536	4211775	Cross Block 90°	2
	32184	4121667	Double cross Block	30
	55615	4296059	Angular Beam 90 Deg. with 4 snaps	50
	3743	4211450	Toothed Bar M=1, Z=10	38
	61988	6034375	NXT Brick	1

8.6.4 Laufkatze

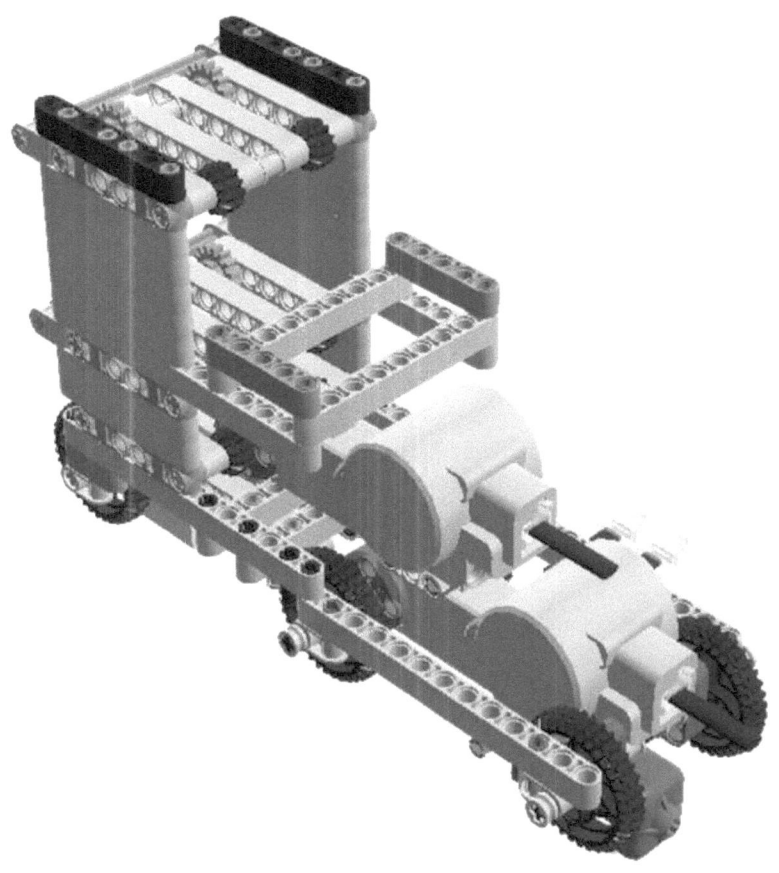

Bausteinübersicht

Bild	Design-ID	Element-ID	Beschreibung	Anzahl
			Cable 495mm	4
	53793	4296929	Touch Sensor	2
	53787	4297008	Tacho Motor	2
	32523	4210751	Technic 3M Beam	2
	32316	4211651	Technic 5M Beam	2
	32524	4495927	Technic 7M Beam	26
	40490	4297202	Technic 9M Beam	4
	32525	4297200	Technic 11M Beam	2
	41239	4522939	Technic 13M Beam	6
	32526	4210753	Technic Angular Beam 3X5 90 Deg.	2
	48989	4225033	Beam 3M W/4 Snaps	14

Bild	Design-ID	Element-ID	Beschreibung	Anzahl
	2780	4121715	Connector Peg with Friction	45
	6558	4514553	3M Connector Peg	12
	6562	4666579	Connector Peg/Cross Axle	6
	32123	4211573	1/2 Bush	4
	6590	4211622	Bush for Cross Axle	11
	6536	4211775	Cross Block 90°	10
	60485	4535768	Cross Axle 9M	9
	3737	373726	Cross Axle 10M	2
	32498	4255563	Double Conical Wheel Z36	6
	32270	4177431	Double Conical Wheel Z12 1M	6
	4019	4562487	Gear Wheel Z16	6

8.6.5 Hubwerk mit Greifarm

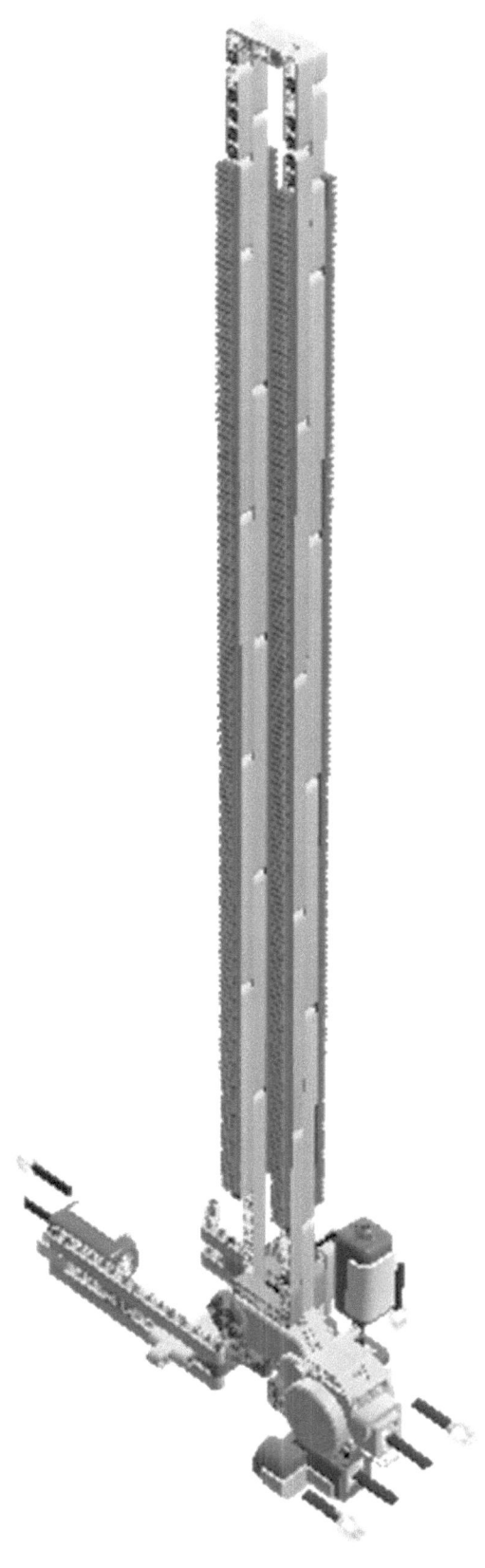

Bausteinübersicht

Bild	Design-ID	Element-ID	Beschreibung	Anzahl
			Cable 495mm	5
	53793	4296929	Touch Sensor	2
	64892	6045306	Color Sensor	1
	53792	4297174	Ultrasonic Sensor	1
	53787	4297008	Tacho Motor	2
	43857	4211862	Technic 2M Beam	1
	32523	4210751	Technic 3M Beam	2
	32316	4211651	Technic 5M Beam	10
	32017	4503416	Technic 5M half Beam	1
	32524	4495927	Technic 7M Beam	1
	40490	4297202	Technic 9M Beam	5

Bild	Design-ID	Element-ID	Beschreibung	Anzahl
	32525	4297200	Technic 11M Beam	1
	64871	4548305	Technic 15M Beam	20
	32140	4210667	Technic Angular Beam 4X2 90 Deg.	5
	32526	4210753	Technic Angular Beam 3X5 90 Deg.	3
	32271	4281516	Technic Angular Beam 3X7	1
	32009	4210668	Double Angular Beam 3X7 45°	1
	48989	4225033	Beam 3M with 4 Snaps	1
	55615	4296059	Angular Beam 90 Deg. with 4 Snaps	1
	32123	4211573	1/2 Bush	3
	6590	4211622	Bush for Cross Axle	2
	2780	4121715	Connector Peg with Friction	42
	6562	4666579	Connector Peg/Cross Axle	4

Bild	Design-ID	Element-ID	Beschreibung	Anzahl
	6558	4514553	3M Connector Peg	22
	4274	4211483	Connector Peg with Knob	128
	6536	4211775	Cross Block 90°	2
	32062	4142865	2M Cross Axle with Groove	1
	4519	4211815	Cross Axle 3M	1
	32073	4211639	Cross Axle 5M	1
	3737	373726	Cross Axle 10M	1
	4716	471626	Worm	3
	3743	4211450	Toothed Bar M=1, Z=10	64
	32270	4177431	Double Conical Wheel Z12 1M	1

8.7 LEGO® "Cargo-Bot-Programmcode"

8.7.1 Zentrale Steuereinheit

```
//------------------------------------------------------------------
//  Steuerprogramm für die zentrale Steuereinheit
//  Jann-Niklas Zimmermann
//  16.12.2013
//
//  Die Programmteile für die Kommunikation mit BlueTooth entstammen
//  der Roberta-Reihe: Danielle Benedettelli: Programmieren mit NXC


//------------------------------------------------------------------
//  Deklaration von Konstanten
//
#define WINKEL 74                // Drehung des Motors für 1 Bit vorwärts
                                 // winkel = 360 * strecke / radumfang
                                 // strecke = 2,4 cm
                                 // radumfang = pi * 3,7 cm
#define GESCHWINDIGKEIT 20       // Geschwindigkeit der Motordrehung

#define SCHWELLWERT 45           // Erkennungswert der Steinfarbe

#define BT_CONN 1                // Nummer der BT-Verbindung
#define OUTBOX 5                 // Nummer der Ausgangsbox
#define INBOX 1                  // Nummer der Eingangsbox

#define PORT_LICHT IN_1          // "Sprechende" Konstante für Lichtsensor
#define PORT_TAST IN_2           // "Sprechende" Konstante für Tastsensor
#define LICHTSENSOR SENSOR_1     // "Sprechende" Konstante für Lichtsensor
#define TASTSENSOR SENSOR_2      // "Sprechende" Konstante für Tastsensor

#define BEFEHL_STOP 0            // STOP
#define BEFEHL_RECHTS 1          // Laufkatze eine Position nach Rechts
#define BEFEHL_LINKS 2           // Laufkatze eine Position nach Links
#define BEFEHL_GREIFER 3         // Hubwerk bewegen
#define BEFEHL_GREIFEN 331       // Hubwerk bewegen/Kiste greifen
#define BEFEHL_ABSETZEN 332      // Hubwerk bewegen/Kiste loslassen
#define BEFEHL_1 4               // Sprung zum Speicherbereich 1
#define BEFEHL_2 5               // Sprung zum Speicherbereich 2
#define BEFEHL_3 6               // Sprung zum Speicherbereich 3
#define BEFEHL_ZURUECK 7         // Sprung zurück
#define BEFEHL_IST 99            // Einlesen IST-Zustand
#define BEFEHL_ABBRUCH 999       // Notabbruch
#define BEFEHL_ERLEDIGT 9999     // Befehl wurde ausgeführt
#define BEFEHL_ACK 255           // Befehl wurde erhalten

#define BEDINGUNG_ABSOLUT 6      // Befehl ist auszuführen
#define BEDINGUNG_LEER 4         // Der Greifer hält keine Kiste
#define BEDINGUNG_BELIEBIG 5     // Der Greifer hält eine beliebige Kiste
#define BEDINGUNG_ROT 2          // Der Greifer hält eine rote Kiste
#define BEDINGUNG_BLAU 3         // Der Greifer hält eine blaue Kiste
#define BEDINGUNG_GELB 1         // Der Greifer hält eine gelbe Kiste

#define ZUSTAND_LEER 4           // Der Greifer hält keine Kiste
#define ZUSTAND_ROT 2            // Der Greifer hält eine rote Kiste
```

```
#define ZUSTAND_BLAU 3        // Der Greifer hält eine blaue Kiste
#define ZUSTAND_GELB 1        // Der Greifer hält eine gelbe Kiste
#define MAXSPRUNG 9           // Maximale Anzahl von Sprüngen
#define STATE_DOING 0         // Programmstatus
#define STATE_FERTIG 16       // Programmstatus


//-------------------------------------------------------------------
// Deklaration von Variablen
//
byte befehl;                  // speichert eingelesenen Befehl
byte bedingung;               // speichert eingelesene Bedingung
byte zustand;                 // speichert den Zustand des Greifers
byte position;                // speichert die Position der Laufkatze
byte befehlszaehler;          // speichert die Position des Lesekopfes
byte soll[16];                // speichert den SOLL-Zustand
byte ist[24];                 // speichert den IST-Zustand
byte sprung[10];              // speichert die Rücksprungpositionen
byte sprung_zaehler;          // Index für das Feld sprung[]
byte profil[4];               // speichert Anzahl der Blöcke pro Stapel
int  state = STATE_DOING;     // Programmstatus - fertig oder nicht

int  p;                       // Hilfsvariable
byte i;                       // Hilfsvariable für Schleifenzähler
int  farbe;                   // Hilfsvariable für IST/SOLL-Zustand
int  spalte;                  // Hilfsvariable für Berechnung der
                              // Bildschirmkoordinaten
int  zeile;                   // Hilfsvariable für Berechnung der
                              // Bildschirmkoordinaten


//-------------------------------------------------------------------
// Prozedur:  BT_Check
// Aufgabe:   prüft, ob die Bluetooth-Verbindung besteht
//
void BT_Check(byte conn){
   if (!BluetoothStatus(conn) == NO_ERR)
   {
     ClearScreen();
     TextOut(5, LCD_LINE2, "Bluetooth-Fehler");
     TextOut(5, LCD_LINE4, "Keine Verbindung");
     TextOut(5, LCD_LINE5, "zum Bockkran");
     TextOut(5, LCD_LINE7, "Breche ab ... ");
     Wait(5000); Stop(true);
   } // if
} // void BT_Check()


//-------------------------------------------------------------------
// Prozedur:  BT_Senden
// Aufgabe:   sendet einen Befehl und wartet auf die Bestätigung
// Parameter: zu sendende Information
//
void BT_Senden(int information)
{
   int ack = 0;
// Sende Befehl
   SendRemoteNumber(BT_CONN, OUTBOX, information);
// Warte auf Empfangsbestätigung
   until(ack == BEFEHL_ACK)
```

```
    {
        until(ReceiveRemoteNumber(INBOX, true, ack) == NO_ERR);
    } // until
} // void BT_Senden()

//------------------------------------------------------------------
// Prozedur:  Lesekopf()
// Aufgabe:   Bewegt den Lesekopf
// Parameter: zu fahrende Strecke
//
void Lesekopf(int strecke)
{
    RotateMotorEx (LESEKOPF,         // Motorports A, B
                   GESCHWINDIGKEIT,  // Motorleistung
                   WINKEL * strecke, // Anzahl Umdrehungen
                   0,                // kein Versatz
                   true,             // Synchrone Umdrehungen
                   false);           // nicht bremsen
} // void Lesekopf()


//------------------------------------------------------------------
// Prozedur:  Korrektur
// Aufgabe:   Führt eine Korrekturfahrt durch
// Parameter: strecke
//
void Korrektur(int strecke)
{
    RotateMotorEx (LESEKOPF,         // Motorports A, B
                   GESCHWINDIGKEIT,  // Motorleistung
                   1 * strecke,      // Umdrehungen
                   0,                // kein Versatz
                   true,             // synchroner Motorlauf
                   false);           // nicht abbremsen
} // void Korrektur()


//------------------------------------------------------------------
// Prozedur:  einlesen_SOLL
//
// Aufgabe:   liest den SOLL-Zustand und die Position des Greifers ein
//            der SOLL-Zustand ist mit 16 x 2 Bits, die Position mit 2
//            Bits kodiert und belegt somit 6 Speicherzellen;
//            damit sind zusätzlich 2 Bits zu „überfahren"
//
//            Codierung Steine        |  Codierung Position
//            ------------------------+--------------------------
//            kein Stein  = 0 => OO   |  Position 1 => OO
//            gelber Stein = 1 => OI  |  Position 2 => OI
//            roter Stein  = 2 => IO  |  Position 3 => IO
//            blauer Stein = 3 => II  |  Position 4 => II
//
void einlesen_SOLL()
{
// initialisieren des Feldindexes
    i = 0;

// 16 mal 2 Bits für den SOLL-Zustand einlesen
    repeat (16)
    {
```

```
        // Einlesen der Farbe
            farbe = 0;

        // 1. LEGO  Stein scannen und prüfen - ist es ein „schwarzes" Bit
            if (LICHTSENSOR < SCHWELLWERT)
            {
                farbe = farbe + 2;
            }; // if

        // 1 Bit weiterfahren
            Lesekopf(1);

        // 2. LEGO  Stein scannen und prüfen - ist es ein „schwarzes" Bit
            if (LICHTSENSOR < SCHWELLWERT)
            {
                farbe = farbe + 1;
            }; // if

        // 1 Bit weiterfahren
            Lesekopf(1);

        // Korrektur
            Korrektur(1);

    // Farbe im Feld abspeichern
        soll[i] = farbe;

    // Ausgabe der Farbe auf dem Display
        // x(i) = 1 + (i div 4)
        // y(i) = 1 + (i mod 4)
        spalte = i / 4;                         spalte = spalte * 6;
        zeile  = i % 4;    zeile = zeile + 1; zeile  = zeile  * 8;
        switch(farbe)
        {
          case 0 : // keine Kiste
                    break;
          case 1 : // gelbe Kiste
                    TextOut(spalte,zeile,"G");
                    break;
          case 2 : // rote Kiste
                    TextOut(spalte,zeile,"R");
                    break;
          case 3 : // blaue Kiste
                    TextOut(spalte,zeile,"B");
                    break;
        }
    // Erhöhen des Feldindexes
        i = i + 1;

    }; // repeat(16)

// Startposition für den Greifer auslesen
        position   = 0;

    // 1. LEGO  Stein scannen und prüfen - ist es ein „schwarzes" Bit
        if (LICHTSENSOR < SCHWELLWERT)
        {
          position = position + 2;
        }; // if
```

```
    // weiterfahren
        Lesekopf(1);

    // 2. LEGO  Stein scannen und prüfen - ist es ein „schwarzes" Bit
        if (LICHTSENSOR < SCHWELLWERT)
        {
          position = position + 1;
        }; // if

 // 1 Bit weiterfahren
        Lesekopf(1);

    // Korrektur
        Korrektur(1);

    // 2 Leerbits übergehen
        Lesekopf(2);

    // Korrektur
        Korrektur(1);

} // void einlesen_SOLL()


//----------------------------------------------------------------
// Prozedur:  einlesen_IST
//
// Aufgabe:   liest den IST-Zustand ein
//
void einlesen_IST()
{
// Befehl senden - BEFEHL_IST - Bockkran beginnt das Einlesen
   BT_Senden(BEFEHL_IST);

// 24 mal Daten empfangen
    int in;
    bool fertig = false;
    while(!fertig)
    {
    // prüfe ob ein Wert in der INBOX liegt
        if (ReceiveRemoteNumber(INBOX,true,in) !=STAT_MSG_EMPTY_MAILBOX)
        {
           if (in == BEFEHL_ERLEDIGT)
           {
              fertig = true;
           }
        // Die empfangene Zahl enthält in codierter Form Spalte, Zeile
        // und Farbe: Zahl = Spalte * 100 + Zeile * 10 + Farbe
           NumOut(64, LCD_LINE8, in);      Wait(500);
           spalte = in / 100;  in = in - spalte * 100;
           zeile  = in / 10;   in = in - zeile * 10;
           farbe  = in;

        // Berechnen des Feldindexes und Speichern der Farbe
           i =  (spalte - 1) * 6 + zeile;
           ist[i] = farbe;

        // Bildschirmausgabe
           spalte = 31 + (spalte - 1) * 6;
           zeile  = zeile  * 8;
```

```
        switch(farbe)
        {
            case 0 : // keine Kiste
                    TextOut(spalte,zeile,".");
                    break;
            case 1 : // gelbe Kiste
                    TextOut(spalte,zeile,"G");
                    break;
            case 2 : // rote Kiste
                    TextOut(spalte,zeile,"R");
                    break;
            case 3 : // blaue Kiste
                    TextOut(spalte,zeile,"B");
                    break;
        }  // switch

      // Sende Bestätigung
        SendRemoteNumber(BT_CONN, OUTBOX, BEFEHL_ACK);
      } // if
      Wait(10); //take breath (optional)
   } // while
} // void einlesen_IST()


//-----------------------------------------------------------------
// Funktion:  vergleichen_SOLL_IST
//
// Aufgabe:   liest den IST-Zustand ein
//
int vergleichen_SOLL_IST()
{
// initialisieren der Variablen
   byte indexs    = 0;
   byte indexi    = 0;
   byte ergebnis_i = 0;

// gehe die Säulen ab
   repeat(4)
   {

   // untersuche die Zeilen der jeweiligen Säule
      repeat(4)
      {
      // Vergleiche SOLL-IST
         if (soll[indexs] == ist[indexi])
         {
            ergebnis_i = ergebnis_i + 1;
         } // if
      // Indizes erhöhen
         indexs = indexs + 1;
         indexi = indexi + 1;
      } // repeat(4)

// Erhöhe Index für IST-Feld um 2
      indexi = indexi + 2;
   } // repeat(4)

// gib Ergebnis zurück
   if (ergebnis_i >= 16) { return STATE_FERTIG; }
                         { return STATE_DOING; };
```

```
} // void vergleichen_SOLL_IST()


//------------------------------------------------------------------
// Prozedur:  einlesen_Befehl
// Aufgabe:   liest Befehl und Bedingung ein
//
void einlesen_Befehl()
{
// initialisieren der Variablen bef, w
    byte w = 4;
    befehl = 0;

// einlesen befehl
    repeat (3)
    {
    // einlesen der Farbe des LEGO  Steins
        if (LICHTSENSOR < SCHWELLWERT)
        {
            befehl = befehl + w;
        }; // if

    // anpassen wert
        w = w / 2;

    // bewegen des Lesekopfes
        Lesekopf(1);

    // Korrektur
        Korrektur(1);
    }; // repeat(3)

// initialisieren der Variablen bed, w
        bedingung = 0;
        w         = 4;

// einlesen bedingung
    repeat (3)
    {
    // einlesen der Farbe des LEGO  Steins
        if (LICHTSENSOR < SCHWELLWERT)
        {
            bedingung = bedingung + w;
        }; // if

    // anpassen wert
        w = w / 2;

    // bewegen des Lesekopfes
        Lesekopf(1);

    // Korrektur
        Korrektur(1);
    }; // repeat(3)
} // void einlesen_Befehl()


//------------------------------------------------------------------
// task:    notabbruch
// Aufgabe: überwacht den Tastsensor und ermöglicht einen Notabbruch
```

```
//
task notabbruch()
{
    TextOut(0, LCD_LINE6, "..Notabbruch  OK"); Wait(250);
    while (true)
    {
      if (TASTSENSOR == 1)
        {
            ClearScreen();
            TextOut(5, LCD_LINE4, "Notabbruch... ");
            BT_Senden(BEFEHL_ABBRUCH);
            Wait(5000); Stop(true);
        } // if
    } // while
} // task notabbruch()


//-----------------------------------------------------------------
// task:    steuerung
// Aufgabe: steuert die zentrale Steuereinheit
//
task steuerung()
{
// Bildschirmausgabe Bootvorgang
    TextOut(0, LCD_LINE7, "..Steuerung  OK"); Wait(250);

// Bildschirmaufbau
    ClearScreen();
    TextOut( 0, LCD_LINE1, "SOLL");
    TextOut( 0, LCD_LINE8, "===="); // Spalten SOLL: 0, 6, 12, 18
    byte y = 0; repeat(32) {PointOut(27, y); y = y + 2; };
    TextOut(31, LCD_LINE1, "IST");
    TextOut(31, LCD_LINE8, "===="); // Spalten IST: 31, 37, 43, 49
    LineOut(58, 0, 58, 63);
    LineOut(60, 0, 60, 63);
    TextOut(64, LCD_LINE1, "BefZ"); // Inhalt Befehlszähler
    TextOut(64, LCD_LINE3, "Sprz"); // Inhalt Sprungzähler
    TextOut(64, LCD_LINE5, "Rspr"); // nächster Rücksprung
    TextOut(64, LCD_LINE7, "Inpt"); // empfangener Wert

// Ausgabe der Daten
    NumOut(64, 48, befehlszaehler);
    NumOut(64,24, sprungzaehler);
    NumOut(64,  0, sprung[sprungzaehler]);

// einlesen SOLL-Zustand und Startposition der Laufkatze
    einlesen_SOLL();

// einlesen IST-Zustand
    einlesen_IST();

// Definiere profil
    i = 0;      byte a = 0;
    repeat(4)
    {
      repeat(6)
      {
        if(ist[i] != 0)
        {
          profil[a] = profil[a] + 1;
          i = i + 1;
```

```
      } // if
      else
      {
        i = i + 1;
      } // else
    } // repeat(6)
    a = a + 1;
  } // repeat(4)

// Fahre die Laufkatze an die Startposition
  repeat (position)
  {
    BT_Senden(BEFEHL_RECHTS);
  }




// Steuerung der Zentraleinheit
  while (true)
  {
// vergleiche SOLL-IST
    state = vergleichen_SOLL_IST();
    if (state == STATE_FERTIG)
    {
        ClearScreen();
        TextOut(20, LCD_LINE4, "FERTIG");
        BT_Senden(BEFEHL_STOP);
        Wait(5000); Stop(true);
    };

  // einlesen des Befehls
    einlesen_Befehl();
    befehlszaehler = befehlszaehler + 1;
    TextOut(64, LCD_LINE2, "    ");
    NumOut(64, LCD_LINE2, befehlszaehler);

  // Analysieren des Befehls
    // ist es ein STOP-Befehl?
      if (befehl == BEFEHL_STOP)
      {
        ClearScreen();
        TextOut(20, LCD_LINE4, "STOP");
        BT_Senden(BEFEHL_STOP);
      } // if
      else // es ist kein STOP-Befehl
      {
      // ist die Bedingung erfüllt?
      //   bedingung kann sein:            zustand kann sein:
      //     BEDINGUNG_LEER      4          4 - keine Kiste
      //     BEDINGUNG_GELB      1          1 - gelbe Kiste
      //     BEDINGUNG_ROT       2          2 - rote Kiste
      //     BEDINGUNG_BLAU      3          3 - blause Kiste
      //     BEDINGUNG_BELIEBIG  5
      //     BEDINGUNG_ABSOLUT   6
        if ((bedingung == BEDINGUNG_ABSOLUT)   || // oder
            (bedingung == zustand)             || // oder
            ((bedingung == BEDINGUNG_BELIEBIG) &&
             (zustand != ZUSTAND_LEER)))
          { // ist es ein Befehl für den Lesekopf oder den Greifer
            switch (befehl)
```

```
{
    case BEFEHL_RECHTS  : // 1 - Laufkatze nach rechts
         BT_Senden(befehl);
         position = position + 1;
         break;

    case BEFEHL_LINKS   : // 2 - Laufkatze nach links
         BT_Senden(befehl);
         position = position - 1;
         break;

    case BEFEHL_GREIFER : // 3 - Greifarm bewegen
         if (zustand == ZUSTAND_LEER)
         { // gibt es eine Kiste zu greifen
           if (profil[position] > 0)
           {
         // sende den Befehl zum Greifen
           BT_Senden(BEFEHL_GREIFEN);

         // Neuen Zustand definieren - Greifer
           zustand = ist[(position * 6) +
                     profil[position] - 1];

         // Neuen Zustand definieren - IST
           ist[(position * 6)+profil[position] - 1] = 0;

         // Bildschirmausgabe
           spalte = 31 + position * 6;
           zeile  = profil[position]  * 8;
           TextOut(spalte,zeile,".");

         // Neuen Zustand definieren - Profil
           profil[position] = profil[position] - 1;

           writeLogBytes(profil);
         } // if
       } // if
       else  // zustand != ZUSTAND_LEER
       {
         if ((profil[position] >= 0) &&
            (profil[position] < 6))
         {
         // sende den Befehl zum loslassen
           BT_Senden(ABSETZEN);

         // Neuen Zustand definieren - Profil
           profil[position] = profil[position] + 1;

         // Neuen Zustand definieren - IST
           ist[(position*6)+profil[position]-1]=zustand;

         // Bildschirmausgabe
           spalte = 31 + position * 6;
           zeile  = profil[position]  * 8;
           switch(zustand)
           {
             case 1 : // gelbe Kiste
                     TextOut(spalte,zeile,"G");
                     break;
             case 2 : // rote Kiste
```

```
                            TextOut(spalte,zeile,"R");
                            break;
                case 3 : // blaue Kiste
                            TextOut(spalte,zeile,"B");
                            break;
            }  // switch

        // Neuen Zustand definieren - Greifer
           zustand = ZUSTAND_LEER;

        } // if
    } // else

// empfange das Ergebnis
    BT_Empfangen();

// aktualisiere IST-Zustand
    aktualisiere_IST();
    break;


case BEFEHL_1 : // bewege Lesekopf zu Speicher1
    // Berechne die Weglänge
    p = 1 - befehlszaehler ;
    if (sprung_zaehler = MAXSPRUNG) // kein Sprung mög.
    {
        ClearScreen();
        TextOut(0, LCD_LINE2, "Sprungfehler");
        TextOut(0, LCD_LINE4, "kein Sprung");
        TextOut(0, LCD_LINE5, "mehr möglich");
        BT_Senden(BEFEHL_STOP);
        Wait(5000); Stop(true);
    };
    // Speichere den Absprungort
    sprung[sprung_zaehler] = befehlszaehler;
    TextOut(64, LCD_LINE2, "    ");
    NumOut(64,LCD_LINE2, befehlszaehler);
    sprung_zaehler = sprung_zaehler + 1;
    TextOut(64, LCD_LINE4, "    ");
    NumOut(64, LCD_LINE4, sprungszaehler);

    // Fahre zur neuen Speicherzelle
    Lesekopf(6 * p);

    // Korrektur
    Korrektur(2 * p);

    // Speichere die neue Speicherzelle
    befehlszaehler = 1;
    TextOut(64, LCD_LINE2, "    ");
    NumOut(64, LCD_LINE2, befehlszaehler);
    break;

case BEFEHL_2 : // bewege Lesekopf zu Speicher2
    // Berechne die Weglänge und Richtung
    p = 9 - befehlszaehler ;
    if (sprung_zaehler = MAXSPRUNG) // kein Sprung mög.
    {
        ClearScreen();
        TextOut(0, LCD_LINE2, "Sprungfehler");
```

```
            TextOut(0, LCD_LINE4, "kein Sprung");
            TextOut(0, LCD_LINE5, "mehr möglich");
            BT_Senden(BEFEHL_STOP);
            Wait(5000); Stop(true);
        };
    // Speichere den Absprungort
        sprung[sprung_zaehler] = befehlszaehler;
        TextOut(64, LCD_LINE2,"    ");
        NumOut(64, LCD_LINE2,befehlszaehler);
        sprung_zaehler = sprung_zaehler + 1;
        TextOut(64, LCD_LINE4,"    ");
        NumOut(64, LCD_LINE4,sprungszaehler);
    // Fahre zur neuen Speicherzelle
        Lesekopf(6 * p);

    // Korrektur
        Korrektur(2 * p);

    // Speichere die neue Speicherzelle
        befehlszaehler = 9;
        TextOut(64, LCD_LINE2,"    ");
        NumOut(64, LCD_LINE2,befehlszaehler);
        break;
    case BEFEHL_3 : // bewege Lesekopf zu Speicher3
    // Berechne die Weglänge und Richtung
        p = 17 - befehlszaehler ;
        if (sprung_zaehler = MAXSPRUNG) // kein Sprung mög.
        {
            ClearScreen();
            TextOut(0, LCD_LINE2, "Sprungfehler");
            TextOut(0, LCD_LINE4, "kein Sprung");
            TextOut(0, LCD_LINE5, "mehr möglich");
            BT_Senden(BEFEHL_STOP);
            Wait(5000); Stop(true);
        };
    // Speichere den Absprungort
        sprung[sprung_zaehler] = befehlszaehler;
        TextOut(64, LCD_LINE2,"    ");
        NumOut(64, LCD_LINE2,befehlszaehler);
        sprung_zaehler = sprung_zaehler + 1;
        TextOut(64, LCD_LINE4,"    ");
        NumOut(64, LCD_LINE4,sprungszaehler);

    // Fahre zur neuen Speicherzelle
        Lesekopf(6 * p);

    // Korrektur
        Korrektur(2 * p);

    // Speichere die neue Speicherzelle
        befehlszaehler = 17;
        TextOut(64, LCD_LINE2,"    ");
        NumOut(64, LCD_LINE2,befehlszaehler);
        break;

    case BEFEHL_ZURUECK : // bewege Lesekopf zurück
        if (sprung_zaehler > 0)
        {
    // Berechne die Weglänge und Richtung
            p = befehlszaehler - sprung[sprung_zaehler];
```

```
                    // Fahre zur neuen Speicherzelle
                       Lesekopf(6 * p);

                    // Korrektur
                       Korrektur(2 * p);

                    // Speichere die neue Speicherzelle
                       befehlszaehler = sprung[sprung_zaehler];

                    // lösche den Sprung aus der Liste
                       sprung_zaehler = sprung_zaehler - 1;
                    }                       }
                       break;
              } // switch
          } // if
          else // weder Befehl für Greifarm noch für Lesekopf
          {
            // mache nichts
          } // else - Bedingung nicht erfüllt
        } // else - kein STOP-Befehl
    } // while
} // task steuerung


//-----------------------------------------------------------------
// task:    main
// Aufgabe: initialisiert die Sensoren und startet die Tasks
//
task main()
{
// Dokumentiere den Bootvorgang
   writeLogString("beginne Bootvorgang");
   ClearScreen();

// Prüfen der Bluetooth-Verbindung
   TextOut(0, LCD_LINE1, "Bluetooth");        Wait(500);
   BT_Check();
   TextOut(0, LCD_LINE1, "Bluetooth    OK");  Wait(250);

// Lichtsensor wird initialisiert
   TextOut(0, LCD_LINE2, "Lichtsensor");        Wait(500);
   SetSensor (PORT_LICHT, IN_TYPE_LIGHT_ACTIVE);
   SetSensor (PORT_LICHT, IN_MODE_PCTFULLSCALE);
   ResetSensor (PORT_LICHT);
   TextOut(0, LCD_LINE2, " Lichtsensor   OK"); Wait(250);

// Tastsensor wird initialisiert
   TextOut(0, LCD_LINE3, "Tastsensor");        Wait(500);
   SetSensor (PORT_TAST, SENSOR_TOUCH);
   ResetSensor (PORT_TAST);
   TextOut(0, LCD_LINE3, " Tastsensor    OK"); Wait(250);

// initialisieren der Variablen
   TextOut(0, LCD_LINE4, "init. Variabl.");    Wait(250);
   befehl         = 0;
   bedingung      = 0;
   zustand        = ZUSTAND_LEER;
   befehlszaehler = 1;
   sprung_zaehler = 0;
```

```
    ArrayInit(sprung, 1, 10); // 10 elements == zero

// starten der einzelnen Tasks
    TextOut(0, LCD_LINE5, "s                        Jait(500);
    Precedes(notabbruch, ste

} //task main
```

8.7.2 Bockkran

```
//---------------------------------------------------------------------
//   Steuerprogramm für den Bockkran
//   Jann-Niklas Zimmermann
//   16.12.2013
//
//   Die Programmteile für die Kommunikation mit BlueTooth entstammen
//   der Roberta-Reihe: Danielle Benedettelli: Programmieren mit NXC


//---------------------------------------------------------------------
//   Deklaration von Konstanten
//
#define PORT_TMUX IN_1          // Portanschluss des Multiplexers
#define PORT_FARBSENSOR IN_2    // Portanschluss des Farbsensors
#define PORT_ULTRASCHALL IN_3   // Portanschluss des Ultraschallsensors

#define FARBSENSOR SENSOR_2     // Zugriff auf Farbsensor

#define BT_CONN 0               // Nummer der Bluetooth-Verbindung
#define OUTBOX 1                // Nummer der Ausgangsbox
#define INBOX 5                 // Nummer der Eingangsbox

#define GESCHWINDIGKEIT 30      // Legt Bewegungsgeschwindigkeit fest

#define VERTIKAL OUT_A          // Motor für das Hubwerk
#define HORIZONTAL OUT_B        // Motor für die Laufkatze
#define KLAMMER OUT_C           // Motor für die Greifvorrichtung

#define BEFEHL_STOP 0           // STOP
#define BEFEHL_RECHTS 1         // Laufkatze eine Position nach Rechts
#define BEFEHL_LINKS 2          // Laufkatze eine Position nach Links
#define BEFEHL_GREIFEN 331      // Hubwerk bewegen/Kiste greifen
#define BEFEHL_ABSETZEN 332     // Hubwerk bewegen/Kiste loslassen
#define BEFEHL_IST 99           // Einlesen IST-Zustand
#define BEFEHL_ABBRUCH 999      // Notabbruch
#define BEFEHL_ERLEDIGT 9999    // Befehl wurde ausgeführt
#define BEFEHL_ACK 255          // Befehl wurde erhalten


//---------------------------------------------------------------------
//   Deklaration von Variablen
//
byte befehl;                    // empfangener Befehl
bool unten  = false;            // Anschlag am Boden
bool oben   = false;            // Anschlag an der Containerbrücke



//---------------------------------------------------------------------
// Prozedur:  BT_Check
// Aufgabe:   prüft, ob die Bluetooth-Verbindung besteht
//
void BT_Check(BT_CONN)
{
  if (!BluetoothStatus(conn) == NO_ERR)
  {
```

```
        ClearScreen();
        TextOut(5, LCD_LINE2, "Bluetooth-Fehler");
        TextOut(5, LCD_LINE4, "Keine Verbindung");
        TextOut(5, LCD_LINE5, "zum Master");
        TextOut(5, LCD_LINE7, "Breche ab ... ");
        Wait(5000); Stop(true);
    } // if
} // void BT_Check()




//-------------------------------------------------------------------
// Prozedur:  BT_Senden
// Aufgabe:   Sendet einen Befehl und quittiert
// Parameter: zu sendende Information
//
void BT_Senden(int information)
{
    int ack = 0;

// Sende Befehl
    SendRemoteNumber(BT_CONN, OUTBOX, information);

// Warte auf Empfangsbestätigung
    until(ack == BEFEHL_ACK)
    {
        until(ReceiveRemoteNumber(INBOX, true, ack) == NO_ERR);
    } // until
} // void BT_Senden()




//-------------------------------------------------------------------
// Prozedur:  einlesen IST
// Aufgabe:   liest den IST-Zustand ein
//
void einlesen_IST()
{
    int zeile  = 1;
    int spalte = 1;
    int zahl;
    int farbe;
    int hf;

    repeat (4)
    {
// ganz nach unten fahren
        unten = false;
        while (! unten) // runter bis grün
        {
            RotateMotor (VERTIKAL, GESCHWINDIGKEIT, 20);
            Wait(100);
        } // while

    // sechs Positionen nach oben fahren und jeweils scannen, senden
        zeile = 1;
        repeat (6)
        {
            zahl = 0;
            farbe = 0;
```

```
    hf = FARBSENSOR;                    // Farbe scannen
    switch(hf)
    {
       case 4: farbe = 1; break;        // gelb
       case 2: farbe = 3; break;        // blau
       case 5: farbe = 2; break;        // rot
    } // switch

  // Die zu sendende Zahl enthält in codierter Form Spalte, Zeile,
  //Farbe: Zahl = Spalte * 100 + Zeile * 10 + Farbe
    zahl = spalte * 100 + zeile * 10 + farbe; // Zahl berechnen
    BT_Senden(zahl);

  // Bildschirmausgabe
    ClearLine(LCD_LINE2);          NumOut(0, LCD_LINE2, zahl);
    Wait(500);

  // Fahre einen Block hoch
    RotateMotor (VERTIKAL, GESCHWINDIGKEIT, -350);
    zeile = zeile + 1;
  } // repeat(6)
// ganz nach oben fahren
  oben = false;
  while (! oben) // ganz hoch
  {
    RotateMotor (VERTIKAL, GESCHWINDIGKEIT, -20);
    Wait(100);
  } // while
// eine Position nach rechts
  spalte = spalte + 1;
  if (spalte < 5)
  {
  // FERTIG - zurück zum Ausgangspunkt
    RotateMotor (HORIZONTAL, GESCHWINDIGKEIT, -305);
  } // if
  } // repeat(4)
// FERTIG - zurück zum Ausgangspunkt
  RotateMotor (HORIZONTAL, GESCHWINDIGKEIT, 305 * 3);
} // void einlesen_IST()




//---------------------------------------------------------------
// Prozedur:  greifen
// Aufgabe:   greift einen Block
//
void greifen()
{
  ResetSensor(PORT_ULTRASCHALL);

// Greifer absenken bis ein Block in Griffweite ist
  while (SensorUS(PORT_ULTRASCHALL) > 7)
  {
    RotateMotor (VERTIKAL, GESCHWINDIGKEIT, 20);
  } // while

// in Greifposition fahren
  RotateMotor (VERTIKAL, GESCHWINDIGKEIT, 400);
```

```
// greifen
   RotateMotor (KLAMMER, GESCHWINDIGKEIT, 750);

// Greifer hochbewegen
   oben = false;
   while (! oben)
   {
      RotateMotor (VERTIKAL, GESCHWINDIGKEIT, -20);
      Wait(100);
   } // while
} //void greifen()



//-------------------------------------------------------------------
// Prozedur:  absetzen
// Aufgabe:   setzt einen Block ab
//
void absetzen()
{
   ResetSensor(PORT_ULTRASCHALL);

// Greifer absenken bis ein Block in Griffweite ist
   while (SensorUS(PORT_ULTRASCHALL) > 7)
   {
      RotateMotor (VERTIKAL, GESCHWINDIGKEIT, 20);
   } // while

// in Absetzposition fahren
   RotateMotor (VERTIKAL, GESCHWINDIGKEIT, 400);

// absetzen
   RotateMotor (KLAMMER, GESCHWINDIGKEIT, -750);

// Greifer hochbewegen
   oben = false;
   while (! oben)
   {
      RotateMotor (VERTIKAL, GESCHWINDIGKEIT, -20);
      Wait(100);
   } // while
} //void absetzen()



//-------------------------------------------------------------------
// Prozedur:  bewegen_links
// Aufgabe:   bewegt die Laufkatze eine Position nach links
//
void bewegen_links()
{
   while (true)
   {
      RotateMotor (HORIZONTAL, GESCHWINDIGKEIT, 305);
   } // while

} // void bewegen_links()
```

```
//-----------------------------------------------------------------
// Prozedur:  bewegen_rechts
// Aufgabe:   bewegt die Laufkatze eine Position nach rechts
//
void bewegen_rechts()
{
   while (true)
   {
      RotateMotor (HORIZONTAL, GESCHWINDIGKEIT, -305);
   } // while

} // void bewegen_rechts()
```

```
-----------------------------------------------------------------
// task:      notabbruch
// Aufgabe:  überwacht die Tastsensoren und reagiert bei Anschlag
//
task abbruch()
bool t1,t2,t3,t4;
{
// dokumentiere Bootvorgang
   TextOut(0, LCD_LINE7, ".. Notabbruch OK");     Wait(250);

   while (true)
   {
     ReadSensorHTTouchMultiplexer(PORT_TMUX, t1, t2, t3, t4)
     if (t1) // Anschlag unten
     {
       Off(VERTIKAL);
       RotateMotor (VERTIKAL, GESCHWINDIGKEIT, -100);
       unten = true;
     } // if

     if (t2) // Anschlag oben
     {
       Off(VERTIKAL);
       RotateMotor (VERTIKAL, GESCHWINDIGKEIT, 50);
       oben = true;
     } // if

     if (t3) // Anschlag links
     {
       Off(HORIZONTAL);
       RotateMotor (HORIZONTAL, GESCHWINDIGKEIT, -200);
       ClearScreen(); TextOut(10, LCD_LINE4, "Notabbruch");
                  TextOut(10, LCD_LINE5, "Anschlag links");
       Wait(5000);  Stop(true);     } // if

     if (t4) // Anschlag links
     {
       Off(HORIZONTAL);
       RotateMotor (HORIZONTAL, GESCHWINDIGKEIT, 200);
       ClearScreen(); TextOut(10, LCD_LINE4, "Notabbruch");
                  TextOut(10, LCD_LINE5, "Anschlag rechts");
       Wait(5000);  Stop(true);     } // if
   } // while
} // task notabbruch()
```

```
//-------------------------------------------------------------
// task:    steuerung
//
// Aufgabe: steuert die zentrale Steuereinheit
//
task steuerung()
{
// dokumentiere Bootvorgang
    TextOut(0, LCD_LINE8, ".. Steuerung OK");      Wait(250);

// initialisiere Variablen
    int in;
    int pos = 1;

// Aufbau des Bildschirms
    TextOut(0, LCD_LINE1, "Sende");
    TextOut(0, LCD_LINE3, "---------------");
    TextOut(0, LCD_LINE4, "Empfange");
    TextOut(0, LCD_LINE6, "---------------");
    TextOut(0, LCD_LINE7, "Aktion");

// Beginne mit der Steuerung
    while (true)
    {
// prüfe, ob ein Befehl in der INBOX liegt
        if (ReceiveRemoteNumber(INBOX, true, in) !=
            STAT_MSG_EMPTY_MAILBOX)
        {
// Befehl auswerten
            switch (in)
            {
                case BEFEHL_IST      : // liest den IST-Zustand ein und
                                       // sendet diesen an die zentrale
                                       // Steuerung zurück
                    // Bildschirmausgabe
                        ClearLine(LCD_LINE5);
                        TextOut(0, LCD_LINE5, "Einlesen IST");

                    // Sende Empfangsbestätigung
                        SendResponseNumber(OUTBOX,BEFEHL_ACK);

                    // Bildschirmausgabe
                        ClearLine(LCD_LINE8);
                        TextOut(0, LCD_LINE8, "IST-Zustand einlesen");

                    // Beginne das Einlesen
                        einlesen_IST();

                    // Rückmeldung an Master
                        BT_Senden(BEFEHL_ERLEDIGT);

                    // Bildschirmausgabe
                        ClearLine(LCD_LINE2);
                        TextOut(0, LCD_LINE2, "FERTIG");
                break;

            case BEFEHL_ABBRUCH : // Notabbruch - stoppen des Programms
                        // Bildschirmausgabe
                        ClearScreen();
                        TextOut(20, LCD_LINE4, "NOTABBRUCH");
```

```
                    // Rückmeldung an Master
                       BT_Senden(BEFEHL_ERLEDIGT);

                       Wait(5000); Stop(true);
          break;

     case BEFEHL_STOP     : // Stoppen des Programms
                    // Bildschirmausgabe
                       ClearScreen();
                       TextOut(20, LCD_LINE4, "FERTIG");

                    // Rückmeldung an Master
                       SendResponseNumber(OUTBOX, BEFEHL_ACK);

                       Wait(5000); Stop(true);
          break;

     case BEFEHL_GREIFEN :// bewegt den Greifer und nimmt eine Kiste
                       // auf
                    // Bildschirmausgabe
                       ClearLine(LCD_LINE5);
                       TextOut(0, LCD_LINE5, "Greifen");

                    // Bildschirmausgabe
                       ClearLine(LCD_LINE8);
                       TextOut(0, LCD_LINE8, "Greifen");
                       greifen();

                    // Rückmeldung an Master
                       SendResponseNumber(OUTBOX,BEFEHL_ACK);

                    // Bildschirmausgabe
                       ClearLine(LCD_LINE2);
                       TextOut(0, LCD_LINE2, "ACK");
          break;

     case BEFEHL_ABSETZEN :// bewegt den Greifer und legt eine Kiste
                       // ab
                    // Bildschirmausgabe
                       ClearLine(LCD_LINE5);
                       TextOut(0, LCD_LINE5, "Absetzen");

                    // Bildschirmausgabe
                       ClearLine(LCD_LINE8);
                       TextOut(0, LCD_LINE8, "Absetzen");
                       absetzen();

                    // Rückmeldung an Master
                       SendResponseNumber(OUTBOX,BEFEHL_ACK);

                    // Bildschirmausgabe
                       ClearLine(LCD_LINE2);
                       TextOut(0, LCD_LINE2, "ACK");
          break;

     case BEFEHL_RECHTS  : // bewegt die Laufkatze nach rechts
                    // Bildschirmausgabe
                       ClearLine(LCD_LINE5);
                       TextOut(0, LCD_LINE5, "Rechts");
```

```
                       // Bildschirmausgabe
                          ClearLine(LCD_LINE8);
                          TextOut(0, LCD_LINE8, "Rechts");
                          bewegen_rechts();

                       // Rückmeldung an Master
                          SendResponseNumber(OUTBOX,BEFEHL_ACK);

                       // Bildschirmausgabe
                          ClearLine(LCD_LINE2);
                          TextOut(0, LCD_LINE2, "ACK");
                  break;

          case BEFEHL_LINKS    : // bewegt die Laufkatze nach Links
                       // Bildschirmausgabe
                          ClearLine(LCD_LINE5);
                          TextOut(0, LCD_LINE5, "Links");

                       // Bildschirmausgabe
                          ClearLine(LCD_LINE8);
                          TextOut(0, LCD_LINE8, "Links");
                          bewegen_links();

                       // Rückmeldung an Master
                          SendResponseNumber(OUTBOX,BEFEHL_ACK);

                       // Bildschirmausgabe
                          ClearLine(LCD_LINE2);
                          TextOut(0, LCD_LINE2, "ACK");
                  break;
          } // switch
    } // if
} // task steuerung()
```

```
//--------------------------------------------------------------
// task:    main
// Aufgabe: initialisiert die Sensoren und startet die Tasks
//
task main()
{
// Dokumentiere den Bootvorgang
   ClearScreen();

// Prüfen der Bluetooth-Verbindung
   TextOut(0, LCD_LINE1, "Bluetooth");         Wait(500);
   BT_Check();
   TextOut(0, LCD_LINE1, "Bluetooth    OK"); Wait(250);

// Farbsensor wird initialisiert
   TextOut(0, LCD_LINE2, "Farbsensor");        Wait(500);
   SetSensorColorFull (PORT_FARBSENSOR);
   TextOut(0, LCD_LINE2, "Farbsensor   OK"); Wait(250);

// Ultraschallsensor wird initialisiert
   TextOut(0, LCD_LINE3, " Ultraschalls.   "); Wait(500);
   SetSensorLowspeed (PORT_ULTRASCHALL);
   TextOut(0, LCD_LINE3, " Ultraschalls. OK"); Wait(250);

// MultiplexTastsensor wird initialisiert
   TextOut(0, LCD_LINE4, " Tast-Mux        "); Wait(500);
   SetSensorType(PORT_TMUX, IN_TYPE_LIGHT_INACTIVE);
   TextOut(0, LCD_LINE4, "Tast-Mux      OK"); Wait(250);

// initialisieren der Variablen
   TextOut(0, LCD_LINE5, "init. Variabl.  "); Wait(250);
   befehl           = 0;

// starten der einzelnen Tasks
   TextOut(0, LCD_LINE6, "starte Tasks");       Wait(500);
   Precedes(notabbruch, steuerung);

} // task main()
```

8.7.3 Bildschirmausgaben

Um eine bessere Übersicht darüber zu haben, was gerade passiert, was hin- und herge-
schickt wird und wie die Zustände sind, habe ich eine Bildschirmausgabe entwickelt.
Wie diese letztendlich aussieht, wird im Folgenden dargestellt.

Master

Links wird der SOLL-Zustand dargestellt, mittig der IST-Zustand. Ganz rechts wird jeweils
der momentane Befehlszähler, Sprungzähler, Rücksprungzähler und der empfangene
Wert vom Bockkran ausgegeben.

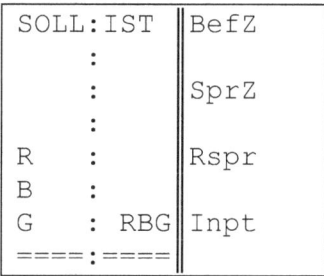

Abbildung 16: Display Master

Bockkran

Hier wird jeweils dargestellt, was der Bockkran gerade sendet bzw. empfängt und welchen Befehl er gerade ausführt.

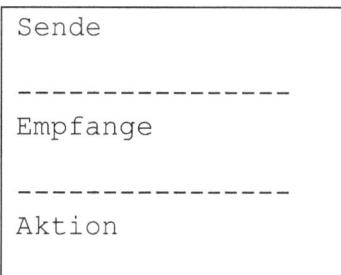

Abbildung 17: Display Bockkran

8.8 "Cargo-Bot" Aufgaben

Aufgabe 1

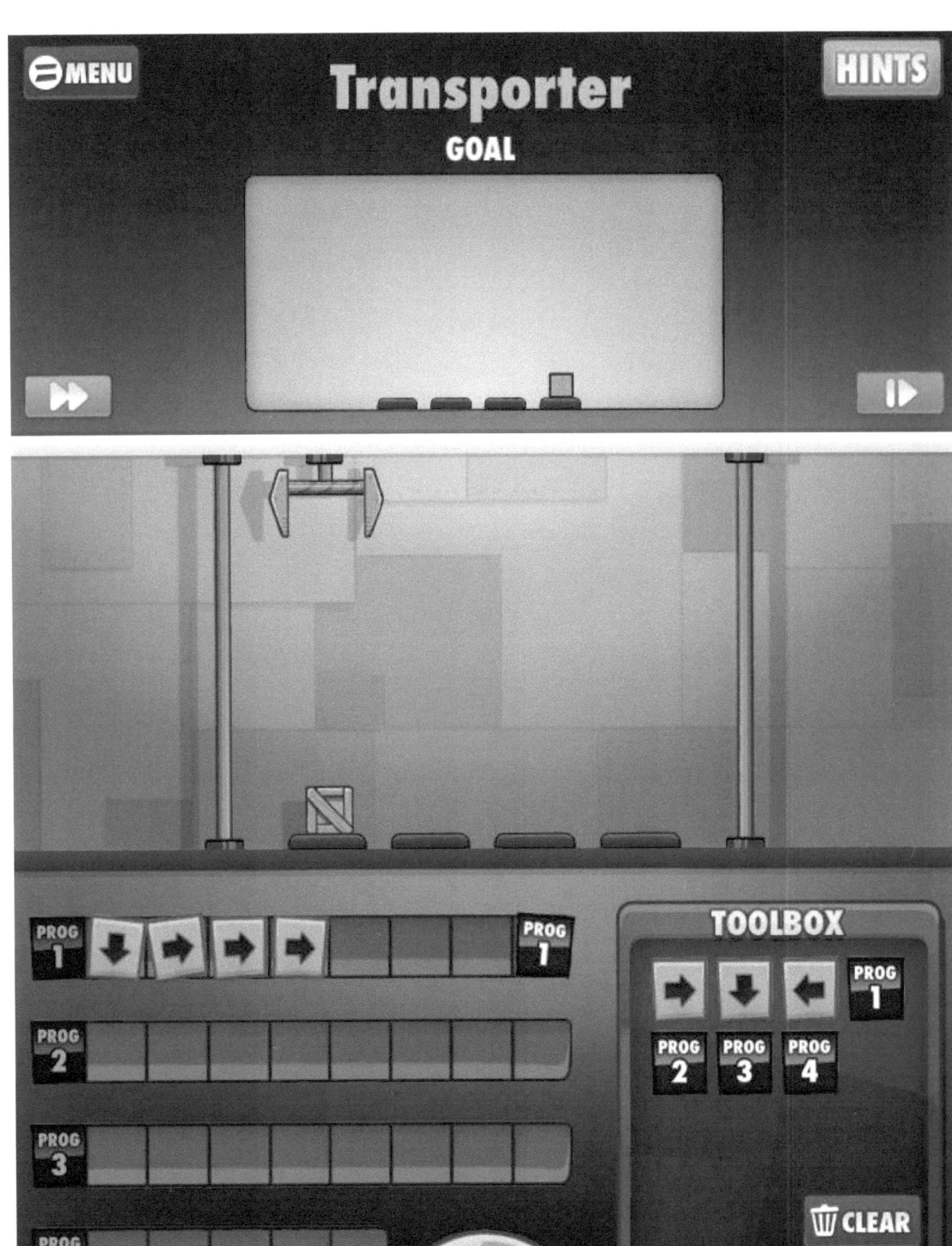

Lösung in LEGO "Cargo-Bot-Maschinensprache"

SOLL

Greifer

1

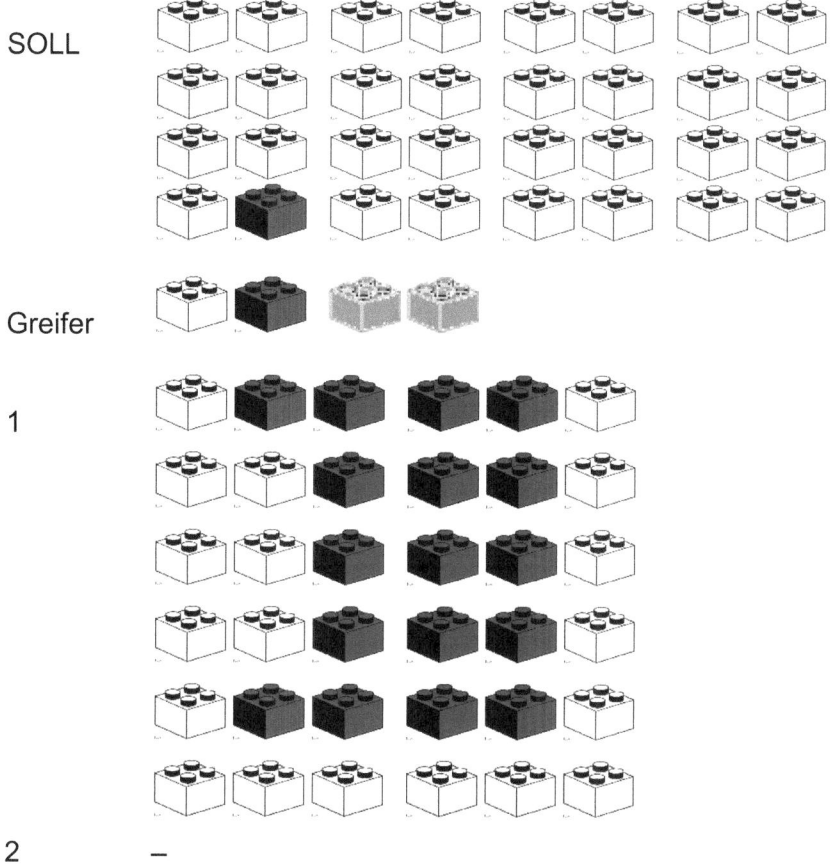

2   –

3   –

Aufgabe 2

Lösung in LEGO "Cargo-Bot-Maschinensprache"

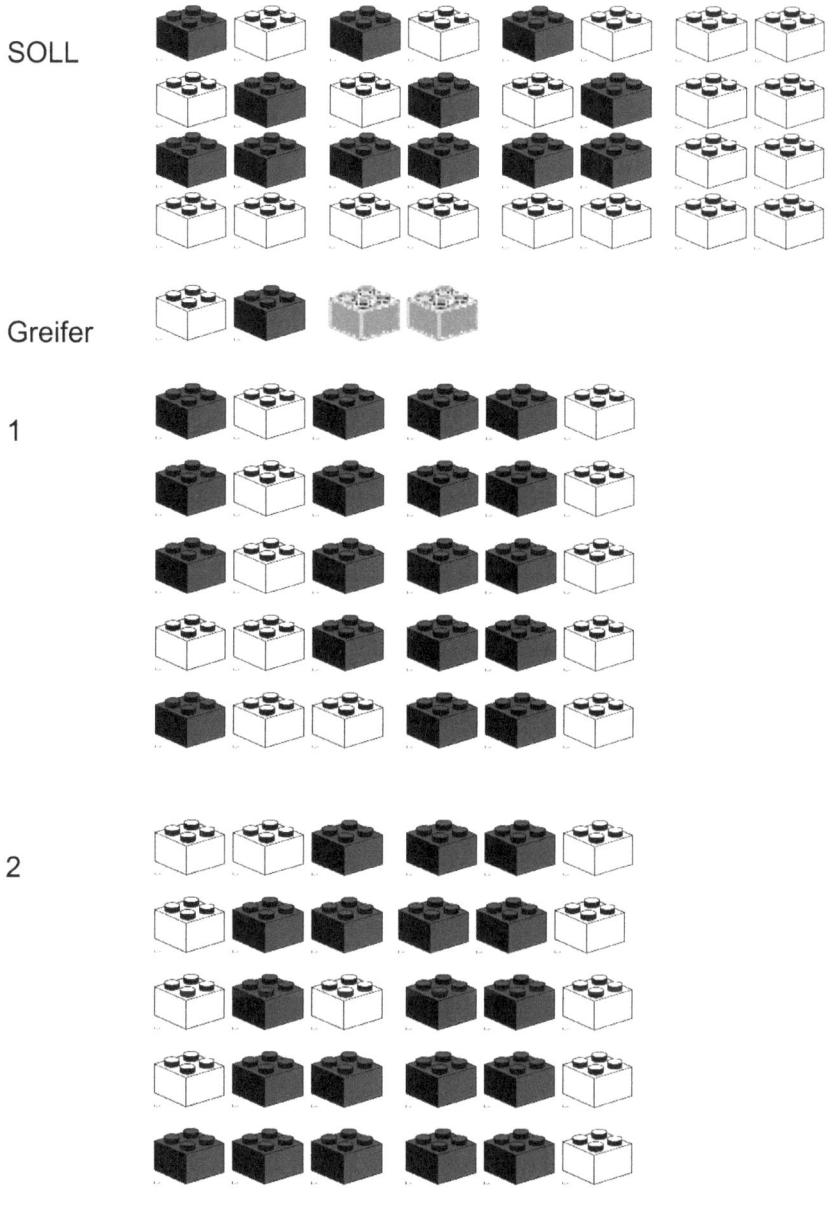

SOLL

Greifer

1

2

3   –

Aufgabe 3

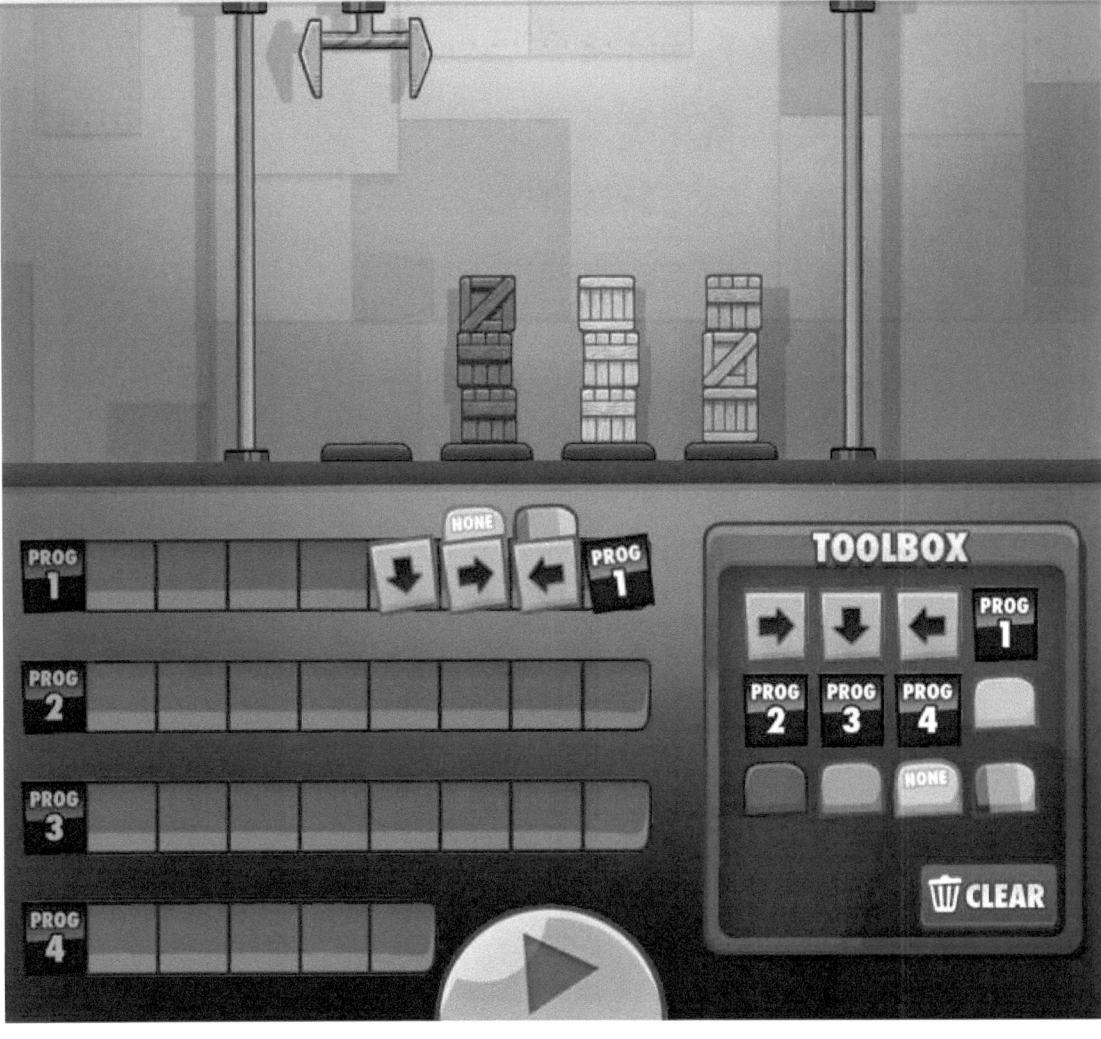

Lösung in LEGO "Cargo-Bot-Maschinensprache"

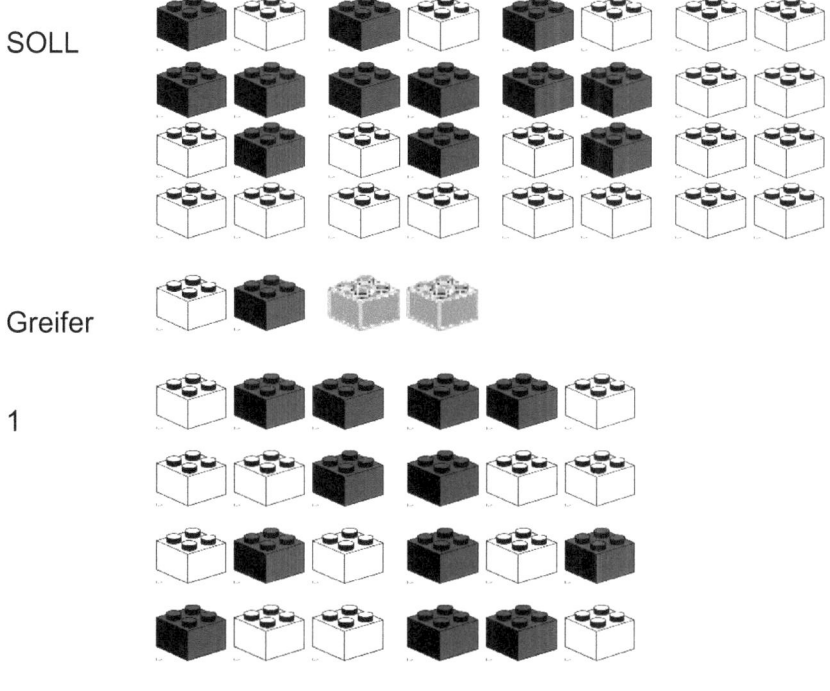

SOLL

Greifer

1

2   –

3   –

Aufgabe 4

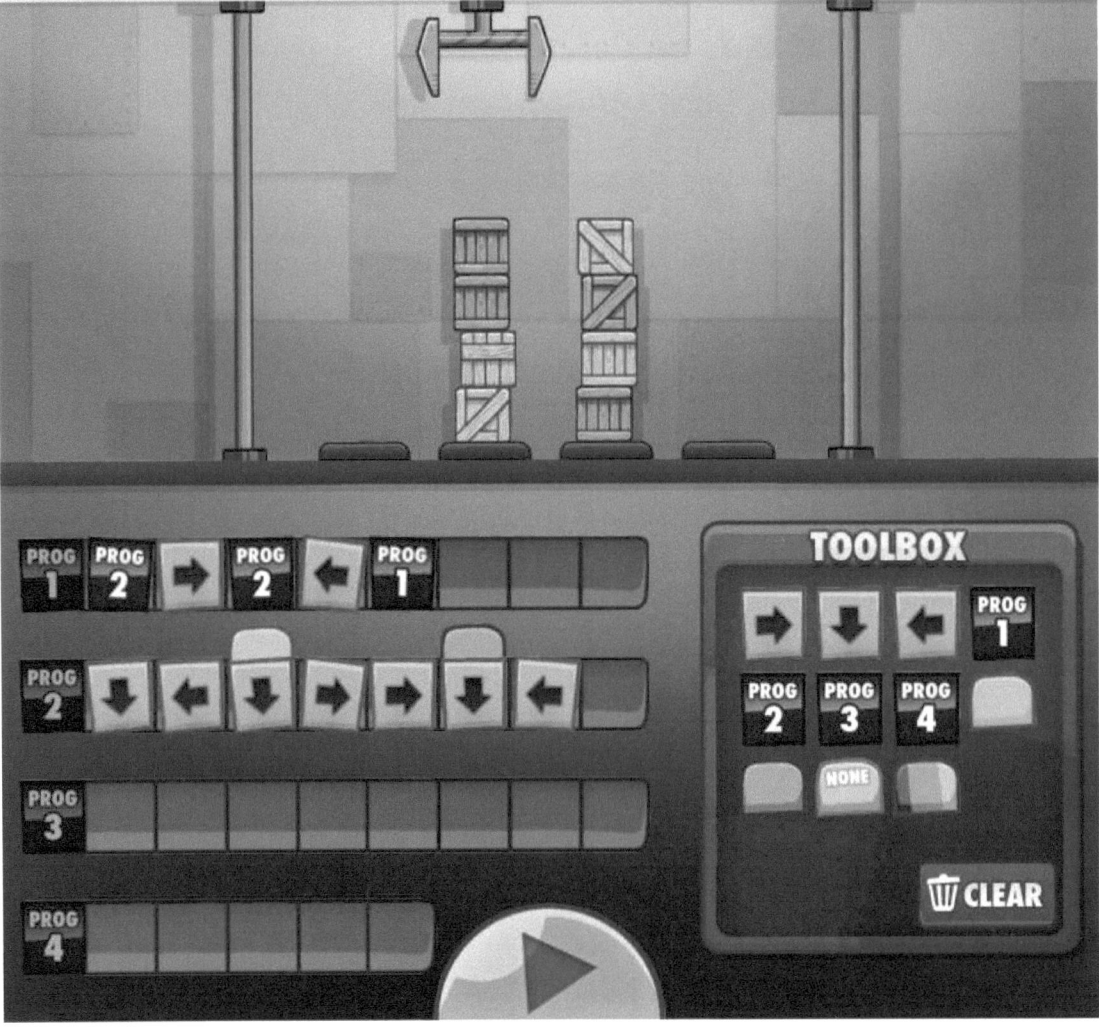

Lösung in LEGO "Cargo-Bot-Maschinensprache"

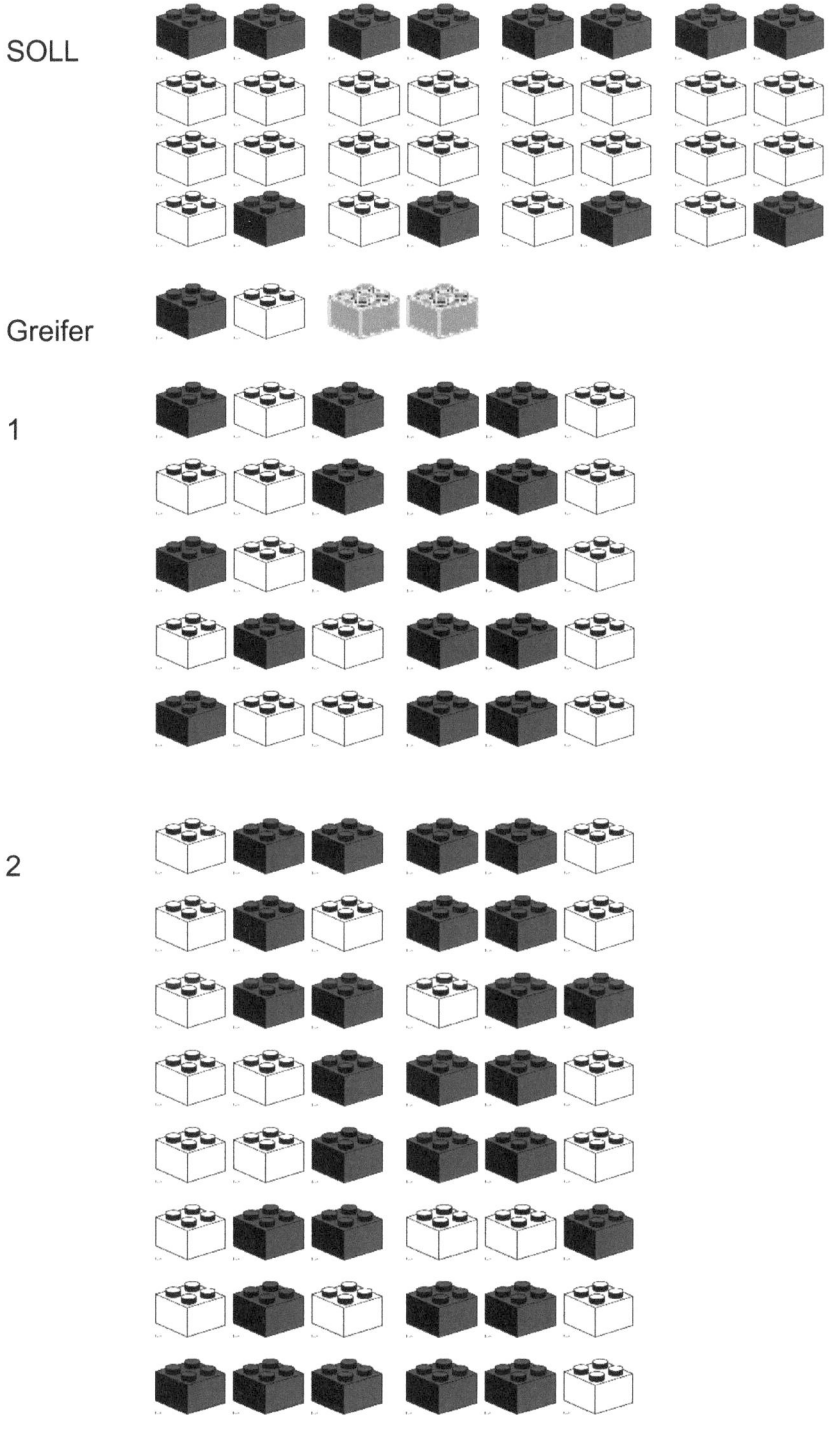

SOLL

Greifer

1

2

3   –

Aufgabe 5

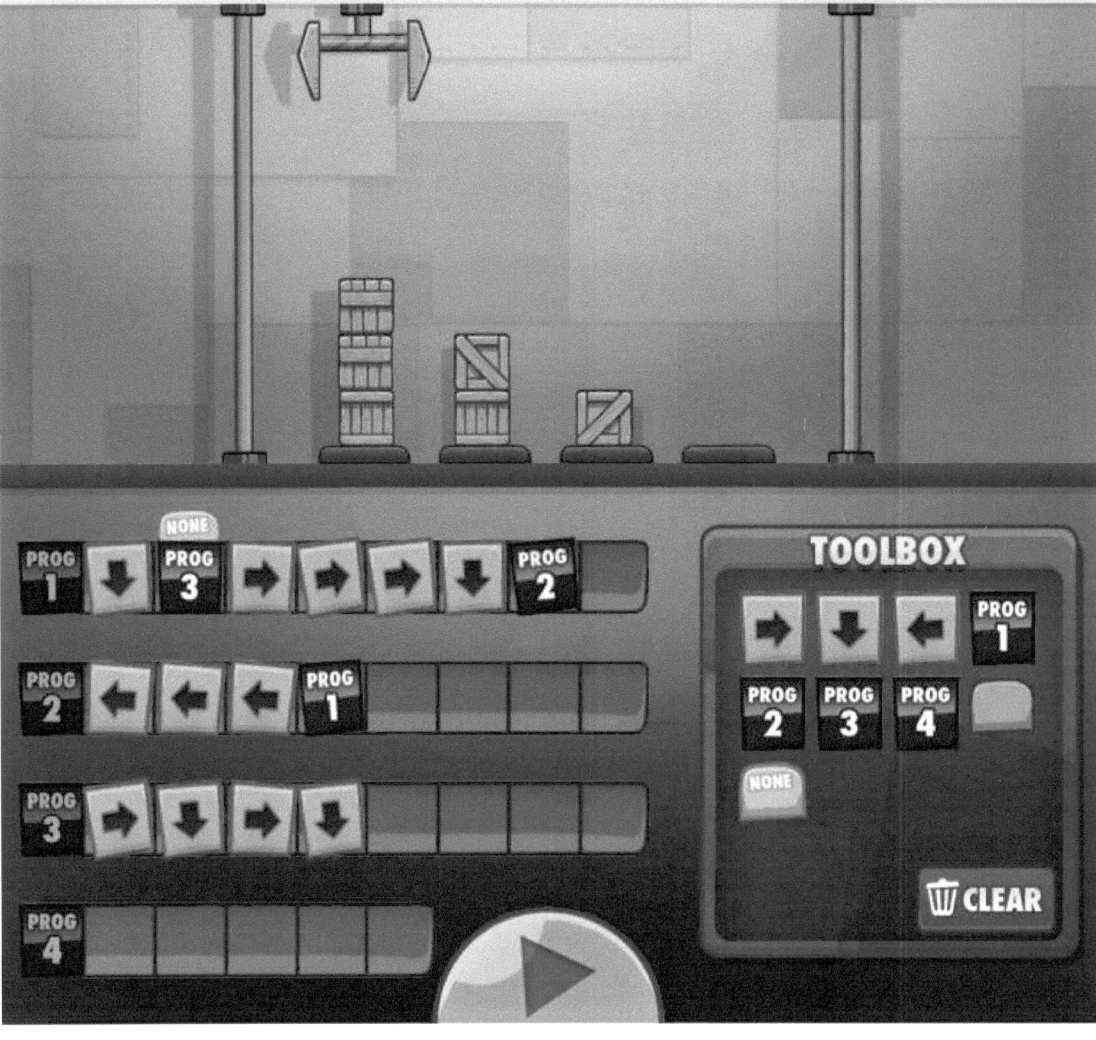

Lösung in LEGO "Cargo-Bot-Maschinensprache"

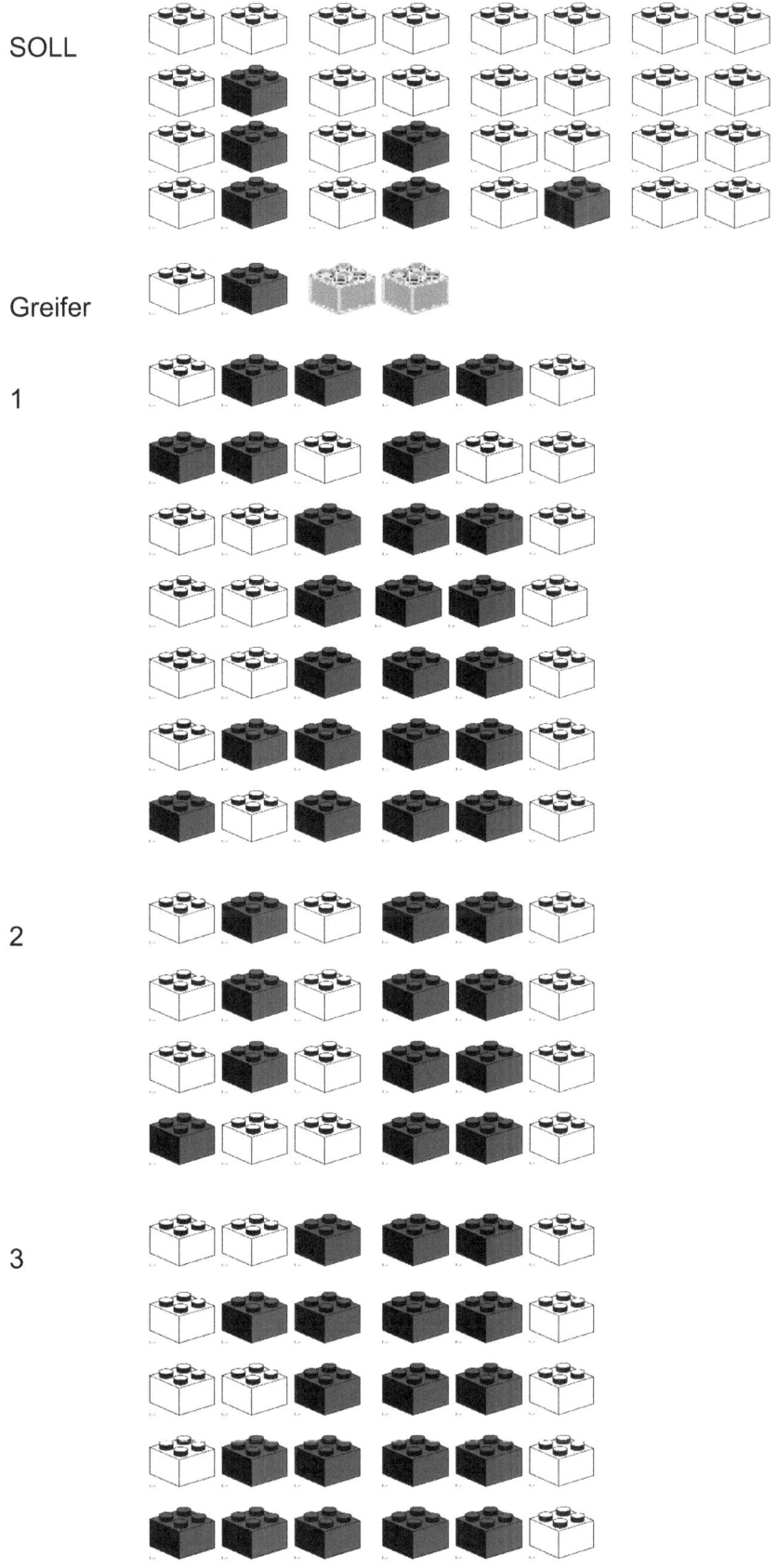

SOLL

Greifer

1

2

3

8.9 Datenträger

Der beigefügte Datenträger enthält

- den Text der Besonderen Lernleistung als PDF-Datei;
- die Bauanleitungen
  - als Quelltext für den LEGO Digital Designer,
  - als Quelltext für das CAD-Programm LDraw,
  - als HTML-Datei,
  - als Teilelisten im Excel-Format;
- den Programmcode für das Steuerwerk sowie die Ausgabeeinheit
  - als Quelltext;
- die verwendete Software
  - Bricx Command Center,
  - PapDesigner,
  - LEGO Digital Designer 4.3,

  sowie weitere nützliche Tools;
- die von mir genutzten eBooks der Roberta-Reihe
  - Leimbach, Thorsten; Trella, Sebastian: LEGO MINDSTORMS NXT - Programmiersprachen im Überblick. 1. Auflage. St. Augustin. Fraunhofer Verlag, 2010.
  - Leimbach, Thorsten (u.a.): Roberta – Spezifikation und Evaluation des LEGO MINDSTORMS NXT Systems. 1. Auflage. St. Augustin. Fraunhofer Verlag, 2011.
  - Benedettelli, Danielle: Roberta - Programmieren mit NXC. 1. Auflage. St. Augustin: Fraunhofer Verlag, 2012.

  sowie weitere verwendete eBooks zu NXC.

Die o.a. Dateien und Dokumente sind mit Ausnahme des Textes als Donwload auf der Webseite verfügbar.

9   Selbständigkeitserklärung

Hiermit erkläre ich, dass ich die Facharbeit ohne fremde Hilfe angefertigt und nur die im Literatur- und Quellenverzeichnis angeführten Quellen und Hilfsmittel benutzt habe.

Berlin, 16.12.2013   Jann-Niklas Zimmermann